BIBLIOTHÈQUE POPULAIRE
A **25** CENT. LE VOL.

L'EMPIRE DÉVOILÉ

PAR LUI-MÊME

(papiers saisis aux Tuileries)

AVEC AUTOGRAPHES

PARIS

AU BUREAU DE *L'ÉCLIPSE*

16, RUE DU CROISSANT

1871

BIBLIOTHÈQUE POPULAIRE

L'EMPIRE DÉVOILÉ

PAR LUI-MÊME

Papiers saisis aux Tuileries

AVEC AUTOGRAPHE

PARIS

AU BUREAU DE L'ÉCLIPSE
16, RUE DU CROISSANT, 16

1871

AVERTISSEMENT

———

Le 4 septembre 1870, aussitôt que la république eut été proclamée à l'Hôtel de ville, les familiers de l'empire s'empressèrent de quitter Paris, craignant sans doute que le pays ne leur demandât des comptes qu'ils étaient dans l'impossibilité de rendre. Chacun se sauva de son côté. Les uns, qui prévoyaient la catastrophe depuis quelques jours, avaient prudemment emballé leur correspondance, qu'ils emportèrent avec eux; d'autres, pris au dépourvu, laissèrent leurs papiers épars.

C'est surtout aux Tuileries qu'on trouva la plus grande quantité de documents importants. Dans le cabinet personnel et dans les bureaux de l'ex-empereur, se trouvaient des masses de papiers, consistant en rapports de police, états financiers, des notes diplomatiques, de la correspondance privée, etc.

Le Gouvernement de la Défense nationale, ne voulant pas laisser perdre des pièces aussi précieuses pour l'histoire des vingt dernières années, nomma une commission chargée d'inventorier ces papiers, et de publier ceux qui étaient de nature à intéresser la nation et à l'éclairer sur les causes des désastres amenés par l'empire.

Cette commission a publié, sous le titre de : *Papiers et correspondance de la famille impériale*, toute une série de documents qui initient le public aux secrets de la politique napoléonienne. C'est dans cette publication que sont puisées les pièces contenues dans ce petit volume. Les originaux ont été déposés aux Archives nationales, où ils demeureront la preuve irrécusable et authentique des menées et des fautes du gouvernement policier de Napoléon III.

L'EMPIRE
DÉVOILÉ PAR LUI-MÊME

PAPIERS DES TUILERIES

Les véritables causes de la guerre du Mexique.

Lettre de M. J.-B. Becker à M. Conti,

Chef du cabinet de l'Empereur.

M. Jecker explique, dans la pièce qui suit, les causes de l'expédition mexicaine.

Paris, 8 décembre 1870.

MONSIEUR,

Ne trouvez pas étrange que je m'adresse à vous de préférence, ayant à vous entretenir d'une affaire qui regarde particulièrement l'Empereur.

Vous aurez assez entendu parler de mon affaire des Bons pour la connaître un peu. Eh bien, je trouve que le Gouvernement la considère avec trop d'indifférence, et que, s'il n'y fait pas attention, elle pourrait amener des suites fâcheuses pour l'Empereur.

Vous ignorez sans doute que j'avais pour associé dans cette affaire M. le duc de Morny, qui s'était engagé, moyennant 30 pour 100 des bénéfices de cette affaire, à la faire respecter et payer par le Gouvernement mexicain, comme elle avait été faite dès le principe. Il y a là-dessus une correspondance volumineuse d'échangée avec son agent, M. de Marpon.

En juillet 1861, on est venu me trouver de la part de ces messieurs pour traiter de cette affaire.

Cet arrangement s'est fait lorsque ma maison se trouvait déjà en liquidation, de sorte que tout ce qui la regarde appartient exclusivement à celle-ci.

Aussitôt que cet arrangement fut conclu, je fus parfaitement soutenu par le Gouvernement français et sa légation au Mexique.

Celle-ci avait même assuré à mes créanciers, au nom de la France, qu'ils seraient entièrement payés, et avait passé des notes très-fortes au Gouvernement mexicain sur l'accomplissement de mon contrat avec lui, au point que l'ultimatum de 1862 exigeait l'exécution pure et simple des décrets. Depuis cette époque, j'ai été constamment exposé à la haine du parti exalté, qui m'a jeté en prison, ensuite m'a banni, me confisquant mes biens.

L'affaire en resta là jusqu'à l'occupation du Mexique par les Français. Sous l'empire de Maximilien, et aux instances du Gouvernement français, on s'occupa de nouveau du règlement de mon affaire. En avril 1863, je parvins, aidé des agents français, à faire une transaction avec le Gouvernement mexicain.

A la même époque, M. le duc de Morny vint à mourir, de sorte que la protection éclatante que le Gouvernement français m'avait accordée cessa complétement. Le Ministère des finances français permit bien qu'on payât les premières traites que le Gouvernement mexicain m'avait données sur Paris pour couvrir une partie de ce qu'on me devait, mais les agents français au Mexique s opposèrent, d'après les instructions qu'ils avaient reçues, qu'on me livrât les traites pour 10 millions de francs, solde de ma transaction, malgré que j'en eusse parfaitement rempli les conditions, et que le Gouvernement mexicain était disposé à me payer, se trouvant avoir à Paris, à cette époque, plus de 30 millions de francs.

Comme le Gouvernement français avait déclaré dans les Chambres qu'il s'était opposé à l'exécution de ce contrat, et qu'il s'était appliqué ce qu'on aurait dû me payer, je fus obligé, comme liquidateur de ma maison et après avoir épuisé les voies de conciliation, de lui intenter un procès devant le Conseil d'État. Malheureusement cette démarche n'a eu aucun résultat, car ce tribunal vient de se déclarer incompétent, d'après l'indication que m'en a faite le Ministre des finances dans sa défense.

J'étais aussi un des plus forts indemnitaires mexicains. La commission mixte établie à Mexico m'avait reconnu une somme de 6 millions de francs environ, qui a été réduite par celle-ci à 500,000 francs à peu près. Je suis en instance pour la différence auprès du Ministre des affaires étrangères, qui n'a pas encore daigné me répondre là-dessus. Mais à l'avance je m'attends à la réponse négative que m'a donnée le Ministre des finances pour l'affaire des Bons.

Quelques créanciers, voyant que je n'obtenais rien du Gouvernement pour mes principales réclamations, ont mis saisie-arrêt à la Caisse des dépôts et consignations sur ce que j'ai à recevoir de ces 500,000 francs, de sorte que je n'ai pu disposer que d'une faible somme pour les besoins pressants de ma maison.

Complétement ruiné par suite de l'expédition au Mexique, n'ayant plus rien à faire ici et ne pouvant rien y faire, je suis obligé de retourner là-bas pour rendre compte à mes créanciers de ma gestion.

Malgré que je n'aie rien négligé pour tâcher de payer la totalité de ce que je leur dois, comme je n'ai pu y parvenir par suite de circonstances extraordinaires qu'il m'a été impossible d'éviter, ils ne tiendront pas compte des sacrifices énormes que j'ai faits pour y arriver et me traiteront sans considération aucune.

Ils voudront savoir le motif qui avait porté, en 1861, M. de Saligny, alors ministre au Mexique, à leur promettre au nom de la France qu'ils seraient payés de ce que ma maison leur devait, et pourquoi, en 1863, cette protection extraordinaire m'a été si brusquement retirée par le Gouvernement français.

Quoique, jusqu'à présent, j'aie gardé le plus grand secret sur cette affaire, malgré qu'on m'aie fortement engagé à la publier, je serai obligé de me défendre pour ne pas me voir jeter en prison pour dettes ; je suis forcé de dire à mes créanciers ce qui s'est passé, en leur délivrant tout ce que j'ai là-dessus, qu'ils réclameront d'ailleurs comme appartenant à ma liquidation. Le Gouvernement mexicain sera enchanté de connaître cette affaire à fond pour sa conduite ultérieure avec la France.

Je prévois bien l'effet qu'une confession semblable produira dans le public et le mauvais jour qu'elle jettera sur le Gouvernement de l'Empereur, surtout dans les circonstances critiques où nous vivons ; mais je ne puis l'éviter, à moins qu'on ne me facilite les moyens de faire une proposition à mes créanciers en les empêchant, par ce moyen, d'exiger que je leur rende compte de ma liquidation. Cela me serait d'autant plus facile, que, parmi les propriétés que le Gouvernement mexicain n'a pu saisir, à cause de l'intervention de mes créanciers, qui ont réclamé comme appartenant à la liquidation de ma maison ce qui est sa propriété, elle possède encore des mines et des forges qu'elle n'a pu exploiter dernièrement à cause de la pénurie où elle se trouve, mais qui, avec des fonds suffisants, laisseraient de beaux bénéfices et seraient à même de couvrir ce qu'elle doit, surtout à présent qu'on vient de perfectionner en Allemagne des appareils à concentrer le minerai qui permettraient de réduire le pauvre, qui est toujours très-abondant, et d'en retirer des bénéfices qu'elles n'auraient pas pu donner autrefois, avec l'ancien système encore employé au Mexique.

Ne doutant pas que, dans l'intérêt que vous portez à l'Empereur, vous n'ayez l'obligeance de lui faire part de ces observations, je vous prie, monsieur, d'agréer l'assurance de ma considération distinguée.

J. B. JECKER.

Affaire Sandon.

Lettre de M. de Persigny à M. Conti (1).

MON CHER CONTI,

Voici une affaire grave qu'il importe d'étouffer. La conduite de Billault a été inouïe. L'homme qui a été victime à ce point est sur le point de se laisser entraîner dans les mains des partis. Nous pouvons avoir un scandale affreux. Il paraît qu'avec une vingtaine ou trente mille francs, que M. Conneau se chargerait de prendre sur les fonds, on pourrait tout arranger.

Il y a d'ailleurs là une iniquité épouvantable : il importe de la réparer.

Mille compliments.

PERSIGNY.

(1) On se rappelle le scandale causé par l'affaire de M. Sandon. La lettre de cachet était remise en usage, et l'on faisait des maisons d'aliénés autant de bastilles.

Lettre de M. Sandon.

Monsieur,

Le docteur Conneau m'a fait connaître hier la réponse de l'Empereur.

Voici les faits :

1° Un ministre *responsable devant l'Empereur seul* me fait arrêter dix-sept fois, et mettre à Charenton pendant vingt mois.

2° Un sénateur *irresponsable* me diffame odieusement, illégalement, et tue ma mère.

3° Un ministre de l'intérieur *irresponsable* adresse aux journaux des communiqués diffamatoires.

L'Empereur a dit au docteur Conneau qu'il y avait des juges, que je pouvais plaider. C'est une erreur.

En déchargeant chacun de responsabilité, l'Empereur l'a assumée tout entière. C'est lui qui me doit justice. Il m'a pris ma mère, ma fortune, mon honneur; il ne me reste que ma vie, et dans ces conditions je ne puis en faire le sacrifice.

L'Empereur me doit justice; il doit savoir que, quand une illégalité étouffe, on en sort pour entrer dans le droit.

Je désire et espère être entendu. On n'ac-

cule pas, on ne désespère pas un homme
ainsi.

Je désire vous voir, et daignez me croire
votre très-humble et respectueux serviteur.

Léon SANDON, avocat.

Rue des Moulins, 26, hôtel de la Côte-d'Or.

Paris, vendredi.

Lettres de Mlle Marguerite Bellanger.

Ces deux lettres ont été découvertes
dans les papiers particuliers de Napoléon.
Elles étaient mises ensemble dans une en-
veloppe cachetée au chiffre N couronné,
et avec cette suscription de la main de
Napoléon : *Lettres à garder.*

MONSIEUR,

Vous m'avez demandé compte de mes
relations avec l'Empereur, et, quoi qu'il
m'en coûte, je veux vous dire toute la vérité. Il est terrible d'avouer que je l'ai
trompé, moi qui lui dois tout; mais il a

tant fait pour moi que je veux tout vous dire : je ne suis pas accouchée à sept mois, mais bien à neuf. Dites-lui bien que je lui en demande pardon.

J'ai, Monsieur, votre parole d'honneur que vous garderez cette lettre.

Recevez, Monsieur, l'assurance de ma considération distinguée.

M. BELLANGER.

CHER SEIGNEUR,

Je ne vous ai pas écrit depuis mon départ, craignant de vous contrarier; mais après la visite de M. Davienne, je crois devoir le faire, d'abord pour vous prier de ne pas me mépriser, car sans votre estime je ne sais ce que je deviendrais; ensuite pour vous demander pardon. J'ai été coupable, c'est vrai, mais je vous assure que j'étais dans le doute. Dites-moi, cher Seigneur, s'il est un moyen de racheter ma faute, et je ne reculerai devant rien; si toute une vie de dévouement peut me rendre votre estime, la mienne vous appartient, et il n'est pas un sacrifice que vous me demandiez que je ne sois prête à accomplir. S'il faut, pour votre repos, que je m'exile et passe à l'étranger, dites un seul mot et je pars. Mon cœur est si pénétré de reconnaissance pour tout le bien que vous m'avez fait, que souffrir pour vous serait encore du bonheur. Aussi la seule chose dont à tout prix je ne veux pas que vous doutiez, c'est de la sincérité et de la profondeur de mon amour pour vous. Aussi, je vous en supplie, répondez-moi quelques lignes pour me dire que vous me pardonnez. Mon adresse est : Madame Bellanger, rue de Launay, commune de Vilbernier, près Saumur. En attendant votre réponse, cher Seigneur, recevez les adieux de votre toute dévouée, mais bien malheureuse,

MARGUERITE.

La lettre suivante de M. Devienne à M. Conti a-t-elle rapport à cette affaire ?

Cour impériale de Paris. Cabinet du premier président.

Paris, 19 février 1868.

MONSIEUR LE CONSEILLER D'ETAT,

Je vous serai très-reconnaissant si vous

voulez bien remettre ma lettre ci-jointe à Sa Majesté.

Veuillez agréer, avec mes excuses, l'expression de mes sentiments de haute considération.

Le premier président,

DEVIENNE.

———

Les Préfets de l'empire.

Lettre du préfet d'Auribeau à M. Piétri.

PRÉFECTURE DES BASSES-PYRÉNÉES.

CABINET DU PRÉFET.

Pau, le 30 mai 1868.

MON CHER PIETRI,

J'ai reçu les 10,000 francs que vous m'avez envoyés de la part de l'Empereur pour les travaux de Biarritz. Jamais ondée plus bienfaisante n'est tombée dans une caisse plus complétement à sec.

J'allais vous les demander pour ne pas interrompre nos travaux, qui, du reste, marchent bien.

Je vous envoie le projet de vente du bois
d'Amotz. Si Sa Majesté l'approuve, veuillez
me le retourner, afin que je le fasse trans-
crire sur papier timbré, signer par le maire
en triple expédition, et que je vous le ren-
voie pour le soumettre à la signature de
S. M. l'Impératrice, et tout sera dit. Fonds
et superficie, ça y est.

Vous vous plaignez de la chaleur, mon
cher Pietri ; vous soupirez après les om-
brages. Sybarite, va ! Que diriez-vous, bon
Dieu ! si, comme nous, vous étiez obligé
de partir en tournée pour six semaines,
avec la perspective de séances de six heures,
36 degrés de chaleur à l'ombre, le tout au
milieu d'une atmosphère d'extraits de
conscrit qui a des émotions !

Non, vrai ! la révision au mois de juin et
de juillet dans le Midi devrait être défen-
due. Ma seule consolation, c'est l'espoir
que pas mal de nos grands collègues de
première deviendront enragés. Ça fera de
l'avancement dans le corps. Et notre ministre qui nous commande d'être aimables
tout plein, de manger beaucoup, de boire
davantage, d'embrasser les filles, de cour-
tiser les femmes, de frapper sur le ventre
des maris, et de faire la bouche en cœur à

tout le monde; il croit, à ce qu'il paraît, que les préfets ne sont pas de la chair, mais du marbre. Et pas même quelques éponges de gratification!

Allez-vous-en récuber *sub tegmine fagi.*

Moi, je me livre aux gendarmes et à leurs bottes d'ordonnance. *Ora pro nobis.*

Bien à vous.

G. D'AURIBEAU.

Lettre de M. le duc de Doudeauville
à l'Empereur

sur le préfet de Seine-et-Marne (le baron de Lassus Saint-Geniès) [1].

6 décembre 1862.

SIRE,

Jamais une pensée personnelle n'a dirigé mes actions ni mes paroles; mais il m'est

---

1. Le 10 décembre, un extrait de cette lettre fut envoyé au Ministre de l'intérieur, de la part de l'Empereur, qui chargea le chef de son cabinet d'appeler l'attention particulière du Ministre sur cette dénonciation « émanée d'une personne que Sa Majesté croit digne de sa confiance. »

impossible de ne pas gémir de voir un département aussi mal administré que celui de Seine-et-Marne.

Le préfet, habituellement à ses plaisirs ou à Paris, néglige toutes les affaires. Il a contre lui son conseil général, toutes les autorités locales et même les bureaux.

Il se refuse à intenter un procès à M. Pereire, qui s'est emparé d'un petit terrain appartenant aux communes.

« Votre génération est trop laide, » disait-il à une commune dont les recrues ne lui plaisaient pas. « Je vous enverrai un régiment de cuirassiers pour améliorer votre race. » Cette plaisanterie de mauvais goût a révolté les habitants.

Une autre fois, sa fille et sa femme étaient au bain. Un côté est réservé aux dames. Le préfet se présente. « On ne peut aller plus loin, » lui dit l'employé. « Cette défense n'est pas pour moi, » répond le préfet, et il passe outre, ce qui cause un grand scandale.

On ne finirait pas si l'on voulait tout dire.

Dans l'affaire de l'instituteur de Tournan, j'ai cent fois raison ; j'en donne ma parole, et la vérité se fait jour ; mais au fond que me fait à moi cette affaire ?

Le dernier inspecteur a soutenu mon opinion. On le remplace, et le Ministre, mal renseigné, n'a même pas envoyé un employé supérieur de son ministère pour lui rendre compte. Voilà comme se rend la justice ! Le préfet ayant trouvé le moyen de se faire l'intime de M. de Jaucourt, je savais bien d'avance qu'il l'emporterait sur celui qui, hors de toute intrigue, fait le bien pour le bien.

Au nom de vos intérêts, Sire, comme aussi de ceux du pays, veuillez faire envoyer dans Seine-et-Marne un bon administrateur, actif, vigilant, et surtout résidant.

Il n'y a qu'un cri contre l'autorité supérieure, et l'on accuse avec raison le gouvernement de négligence.

Je suis, Sire, de Votre Majesté le très-humble serviteur.

LA ROCHEFOUCAULD, DUC DE DOUDEAUVILLE.

Château d'Armainvilliers,
près Tournan (Seine-et-Marne).

Remise de 500,000 *fr. faite par l'Empereur à M. de Forcade la Roquette,*

Pour dépenses secrètes.

Quelques jours seulement avant les élections générales pour la dernière législature de l'Empire, le Ministre de l'intérieur, M. de Forcade, ayant probablement épuisé les fonds secrets et autres dont il pouvait disposer, dut recourir à la caisse de l'Empereur. Les 500,000 francs mentionnés dans le reçu suivant ne doivent pas avoir eu, à ce qu'il semble, d'autre destination que de venir en aide aux candidatures officielles.

Ministère de l'Intérieur. — Cabinet du Ministre.

Paris, le 6 avril 1869.

Reçu de l'Empereur, pour dépenses secrètes de sûreté générale, cinq bons sur MM. de Rothschild de cent mille francs chacun (soit cinq cent mille francs).

DE FORCADE.

La Compagnie maritime égyptienne et M. Clément Duvernois.

Les Soussignés,

Signataires de la demande en concession de la Compagnie maritime égyptienne, déclarons, par le présent engagement, que, si cette concession est accordée par le vice-roi dans les termes de la demande rédigée par M. l'ingénieur Castets-Hennebert, nous laissons à celui-ci tous les soins de la constitution de la Compagnie et toutes les dépenses auxquelles cette constitution peut l'obliger, déclarant que nous ne voulons être responsables d'aucun des frais préliminaires pour la formation de la Société.

En conséquence de la présente convention, M. Castets-Hennebert est autorisé par nous à disposer comme il l'entendra, jusqu'à concurrence de 10 millions de francs (400,000 l. st.), sur le montant des 10 p. 0/0 du capital nominal social qu'octroie la concession, d'après l'article 11 de la demande, pour pouvoir faire face à tous les frais auxquels la constitution de la Société peut donner lieu, et aussi pour rémunérer ou solder tous les concours ou influences qu'il aura pu s'adjoindre à l'effet de l'obtention de ladite concession.

Sur cette somme de 400,000 l. st. que M. Castets-Hennebert recevra en actions libérées (*paid up shares*) de la Compagnie, il devra en remettre à chacun de nous pour 10,000 l. st. pour notre qualification de fondateurs avec lui de l'affaire.

Les autres 400,000 l. st. (1) restantes, d'après l'art. 11 précité, ne pourront être dépensées sous quelque prétexte que ce soit, sans l'adhésion du Board des fondateurs, et par autorisation écrite qui sera donnée à M. Castets-Hennebert, agissant en qualité de *Manager director* du Board de fondation, jusqu'au début des opérations de la Compagnie, sous la direction du conseil d'administration lorsqu'il sera définitivement constitué.

> *Signé* : Comte de Bustelni-Foscolo; Pierre Schaeffer ; Charles Morris; J. W. Williamson, Ch. Martin.
>
> Pour copie conforme : Castets-Hennebert.

Londres, le 9 mai 1867.

(1) Il faut probablement lire 350,000.

Je soussigné, fondateur de la Compagnie maritime égyptienne, déclare qu'en vertu des droits que me confère l'engagement ci-dessus de cinq cofondateurs, je m'oblige envers M. Clément Duvernois de lui payer cinq millions sur les dix millions dont je suis autorisé à disposer, pour rémunérer ses services et les concours étrangers dont il croit pouvoir user à l'effet de l'obtention de ladite concession. Ces 5 millions de francs lui seront payés au fur et à mesure des sommes que je recevrai moi-même de la même manière.

CASTETS-HENNEBERT.

Paris, le 8 juillet 1867.

Note trouvée sur un carnet-agenda de 1865.

La note est de la main de M. Conti, secrétaire de l'Empereur, qui tenait registre des paroles de Sa Majesté. Il est nécessaire de faire remarquer que Charras n'a succombé que le 23 janvier, mais sa mort avait été annoncée le 16 par les journaux.

17 janvier. Mardi, S. Antoine.

Nouvelle de la mort du colonel Charras. *C'est un grand débarras.*

LA GUERRE

18 juillet 1866.

Napoléon était depuis longtemps averti du danger que pouvait faire courir à la France une Allemagne unifiée et organisée militairement entre les mains de la Prusse. La lettre qui suit, adressée par la reine de Hollande à M. d'André lors de la guerre de 1866, se trouvait dans les papiers de M. Conti. La note mise en tête est de l'écriture de Napoléon.

Copie d'une lettre de la reine de Hollande à M. d'André.

Vous vous faites d'étranges illusions! Votre prestige a plus diminué dans cette dernière quinzaine qu'il n'a diminué pendant toute la durée du règne. Vous permettez de détruire les faibles ; vous laissez grandir outre mesure l'insolence et la brutalité de votre plus proche voisin ; vous acceptez un cadeau, et vous ne savez pas même adresser une bonne parole à celui qui vous le fait. Je regrette que vous me croyiez intéressée à la question et que vous ne voyiez pas le funeste danger d'*une* puissante Allemagne et d'*une* puissante Italie. C'est la *dynastie* qui est menacée, et c'est elle qui en subira les suites. Je le dis, parce que telle est la vérité, que vous reconnaîtrez trop tard. Ne croyez pas que le malheur qui m'accable dans le désastre de ma patrie me rende injuste ou méfiante. La Vénétie cédée, il fallait secourir l'Autriche, marcher sur le Rhin, imposer vos conditions ! Laisser égorger l'Autriche, c'est plus qu'un crime, c'est une faute. Peut-être est-ce ma dernière lettre. Cependant je croirais manquer à une ancienne et sérieuse amitié si je ne disais une dernière fois *toute* la vérité. Je ne pense pas qu'elle soit écoutée, mais je veux pouvoir me répéter un jour que j'ai tout fait pour prévenir la ruine de ce qui m'avait inspiré tant de foi et tant d'affection.

Cette lettre est, comme on voit, écrite pendant la guerre de Bohême et au lendemain de la cession de la Vénétie à la France.

Cette lettre du général Ducrot a été trouvée dans les papiers du général Frossard. Elle dit nettement, cruellement, vivement, au gouverneur du Prince Impérial, la vérité entière. Les conseillers de Napoléon ne pouvaient pas dire qu'ils n'étaient point renseignés.

Strasbourg, 28 octobre 1868.

MON CHER GÉNÉRAL,

Je vous envoie le résumé de mes longues et intéressantes conversations avec M. de D... Je me suis attaché à rendre scrupuleusement ses pensées et ses appréciations, sans commentaires ni amplifications. Vous me dites dans votre dernière lettre que vous avez lieu de penser que M. de D... se laisse quelque peu emporter par sa haine contre la Prusse... Non, non, ne croyez pas cela. M. de D... est un homme de soixante-six ans; il a un jugement trop sûr, une trop grande expérience des hommes et des choses pour se laisser aveugler par la passion ; mais il a des oreilles pour entendre, des yeux pour voir et tout le bon sens nécessaire pour tirer de justes conclusions de tout ce qu'il voit et entend. De plus, il a assez de caractère pour ne pas se laisser aveugler par la peur, cette détestable conseillère, qui a fait et fera faire encore tant de sottises! Tout ce que je vois et entends moi-même corrobore trop bien les appréciations de M. de D:..., pour qu'il me reste un doute sur l'exactitude de ses renseignements et la justesse de ses vues.

Je viens de voir, il y a quelques instants, madame la comtesse de Pourtalès, qui arrive de Berlin. Jusqu'à ce jour je l'avais trouvée d'un optimisme qui m'irritait. Prussienne par son mari, elle était en admiration perpétuelle devant tous les actes de M. de Bismark, du roi Guillaume et de tous ses Prussiens; elle prétendait que rien ne pouvait motiver une guerre entre la France et la Prusse, que nous étions faits pour nous entendre et nous aimer. Bref, son langage était une variante poétique des discours Rouher et des circulaires La Valette. Or, voilà que cette adorable comtesse me déclare qu'elle revient de Berlin la mort dans l'âme, que la guerre est inévitable, qu'elle ne peut manquer d'éclater au premier jour, que les Prussiens sont si bien préparés, si habilement dirigés, qu'ils sont assurés du succès!

« Eh quoi ! lui ai-je dit, vous embouchez la trompette de Bellone juste au moment où de tous côtés l'on ne parle que des intentions pacifiques de nos bons voisins, de la salutaire terreur que nous leur inspirons, du désir de Bismark d'éviter tout prétexte de conflits, lorsque nous renvoyons tous nos soldats dans leurs foyers, et qu'il est même question d'une réduction des cadres, à tel point que je m'apprête à aller au premier jour planter mes choux en Nivernais.

— « Oh ! général, s'est-elle écriée, c'est ce qu'il y a d'affreux. Ces gens-là nous trompent indignement et comptent bien nous surprendre désarmés... Oui, le mot d'ordre est donné : en public, on parle de paix, du désir de vivre en bonnes relations avec nous ; mais lorsque, dans l'intimité, l'on cause avec tous ces gens de l'entourage du roi, ils prennent un air narquois, vous disent : Est-ce que vous croyez à tout cela ? Ne voyez-vous pas que les événements marchent à grands pas, que rien désormais ne saurait conjurer le dénoûment?... Ils se moquent indignement de notre gouvernement, de notre armée, de notre garde mobile, de nos ministres, de l'Empereur, de l'Impératrice, prétendent qu'avant peu la France sera une seconde Espagne ! Enfin, croiriez-vous que le ministre de la marine du roi, M. de Schleinitz, a osé me dire qu'avant dix-huit mois notre Alsace serait à la Prusse ? Et si vous saviez quels énormes préparatifs se font de tous côtés, avec quelle ardeur ils travaillent pour transformer et fusionner les armées des Etats récemment annexés, quelle confiance dans tous les rangs de la société et de l'armée!... Oh ! en vérité, général, je reviens navrée, pleine de trouble et de craintes. Oui, j'en suis certaine maintenant, rien, non, rien ne peut conjurer la guerre, et quelle guerre ! »

Madame de Pourtalès sera probablement à Compiègne dans quelques jours, et par conséquent vous pourrez avoir le plaisir d'entendre ses doléances et ses récits effrayants.

Pour faire pendant au propos de M. de Schleinitz relatif à l'Alsace, je citerai un mot de M. le général de Moltke sur le même sujet. Ce grand général causait avec un Badois, qui occupe une assez haute position dans son pays; ce personnage lui assurait que la population du grand-duché était généralement peu sympathique aux Prus-

siens et très-opposée aux projets d'an-
nexion. « En vérité, dit M. de Moltke, c'est
incompréhensible, car ces gens-là devraient comprendre que leur avenir est
entre nos mains, que bientôt nous pourrons
leur faire ou beaucoup de bien ou beaucoup
de mal. Lorsque nous serons en mesure de
disposer de l'Alsace, et cela ne saurait tar-
der, en la réunissant au grand-duché de
Bade, nous pourrons former une superbe
province comprise entre les Vosges et la
Forêt-Noire, traversée dans toute sa lon-
gueur par un beau fleuve, et, à coup sûr,
aucun pays au monde ne se trouvera dans
des conditions pareilles de bien-être et de
prospérité... »

Et vous voulez qu'en présence de pareilles rodomontades, de si insolentes préten-
tions trop hautement affirmées, je reste
calme et patient ! En vérité, il ne faudrait plus avoir dans les veines une goutte
de vieux sang gaulois !... Je l'avoue donc,
je vis dans un état permanent d'exas-
pération ; j'éprouve la rage que doit res-
sentir un homme qui, voulant sauver un
noyé, rencontre une résistance volontaire et
sent prêt à sombrer avec celui qu'il veut
sauver...

Vous voyant vous impatienter en lisant ces lignes, je serais volontiers tenté de m'écrier comme Thémistocle : « Frappe, mais écoute ! »

Croyez mon cher général, à l'assurance de mes sentiments les plus affectueux et les plus dévoués.

Général A. Ducrot.

P. S. Un mot, pour terminer, qui peint assez bien la situation ; il est d'un diplomate fort bien en cour et certainement en position d'être parfaitement informé : « En vérité, écrivait dernièrement le prince de M..., l'on dirait que nous marchons avec des jambes en coton sur des œufs, comme si nous avions peur de les casser. »

Lettre du général Ducrot au général Frossard sur les préparatifs de la Prusse en 1869.

Strasbourg, le 31 janvier 1869.

Mon cher Général,

Je viens de voir le commandant Schenck, qui m'a apporté de vos nouvelles, et m'a dit que vous l'aviez entretenu de certains faits qui se passeraient en ce moment à Mayence et Rastadt, et seraient assez significatifs.

Les mêmes renseignements me sont parvenus à Strasbourg, par des bruits qui circulent dans la ville et à l'origine desquels il m'a été impossible de remonter. Les Prussiens, dit-on, font couper les arbres sur les glacis de Mayence et de Rastadt; dans le grand-duché de Bade, l'on met en réquisition les médecins et vétérinaires en état de marcher et l'on en fait la répartition, comme auxiliaires, entre les différents corps de troupes.

N'ayant plus la possibilité d'envoyer des officiers à l'étranger, j'ai dû chercher un moyen détourné pour vérifier l'exactitude de ces renseignements et je me suis adressé à un M. de Gaston, ancien sous-officier français, fixé à Landau depuis quelques années, et qui, ayant fréquemment occasion d'aller à Mayence et dans le duché de Bade, a bien voulu se charger de prendre, *de visu* tous les renseignements utiles.

Quant à l'affaire des médecins et vétérinaires, M. de Gaston m'a cité un fait qui paraît concluant. Il y a aujourd'hui quinze jours, son vétérinaire, qui habite Mannheim, a reçu une commission de vétérinaire de première classe pour un corps de troupes (M. de Gaston n'a pu se rappeler lequel), avec injonction de se tenir prêt à rejoindre au premier ordre.

Il est vraiment fâcheux que nous n'ayons aucun moyen de surveiller ce qui se fait ou se prépare chez nos trop actifs voisins. Ne serait-il pas indispensable d'organiser dès à présent un service d'espionnage militaire, qui mettrait à notre disposition un certain nombre d'agents chargés de nous tenir au courant des moindres incidents présentant quelque signification et qui, le jour où la guerre éclaterait, pourrait nous rendre d'incalculables services ? Ce n'est pas au moment où les relations seront interrompues qu'il sera possible d'organiser ce service, il faut du temps et beaucoup d'adresse pour le monter convenablement. Je livre ces réflexions à votre appréciation.

Je vous remercie d'avoir bien voulu me communiquer les bonnes paroles de l'Empereur à mon sujet, cela m'a fait grand plaisir ; j'ai écrit au général Castelnau dans le sens que vous m'avez indiqué, mais je sais à quoi m'en tenir sur ses bienveillantes intentions à mon égard.

Croyez, mon cher général, à l'assurance de mes sentiments les plus dévoués.

Général A. DUCROT.

Schenck est parti ce matin pour Rastadt; il sera demain à Darmstadt, mercredi à Mayence, et de retour ici jeudi soir.

Campagne de 1870.

Napoléon s'inquiétait surtout, en entrant en campagne, des soins matériels à donner à sa maison particulière et à sa table. Les instructions qui suivent appartiennent à l'histoire.

MAISON DE L'EMPEREUR

SERVICE DU GRAND MARÉCHAL.

Note sur le service de MM. les aides de camp et officiers d'ordonnance auprès de l'Empereur en campagne.

MM. les aides de camp et officiers d'ordonnance feront le service par jour et par ancienneté.

Il y aura chaque jour un aide de camp et un officier d'ordonnance de service.

Il y aura toujours deux tables, soit au bivouac, soit pendant les séjours, afin de laisser à l'Empereur la faculté de faire des invitations en plus ou moins grand nombre.

A la table de l'Empereur mangeraient l'aide de camp de service et le premier écuyer (si l'Empereur l'ordonne ainsi).

La seconde table sera présidée par l'adjudant général et sera composée de MM. les aides de camp, des officiers d'ordonnance, des écuyers, des officiers attachés aux aides de camp de l'Empereur et, s'il y a lieu, des secrétaires du cabinet.

Pour simplifier ce rouage très-compliqué à première vue, toutes les cantines de la bouche, qui doivent former un total de 20 à 24, devront être divisées en deux parties égales, représentant chacune un service : celui de l'Empereur ; celui de l'adjudant général, chacun avec maître d'hôtel, cuisiniers et aides embrigadés.

Le service des valets de chambre de l'Empereur bivouaquera ou campera sous des tentes-abris portées par les fourgons mêmes de Sa Majesté.

Les valets de chambre de l'Empereur, les maîtres d'hôtel et le piqueur seront seuls nourris par la bouche de Sa Majesté.

Les valets de chambre de MM. les aides de camp et officiers d'ordonnance toucheront les vivres de campagne, et s'arrangeront entre eux pour s'installer une cuisine indépendante du service de la bouche.

Ils feront à tour de rôle le service de la table de leurs maîtres; à cet effet le maréchal des logis en tiendra un contrôle.

Les cavaliers de remonte se grouperont aussi et vivront comme les soldats avec leurs vivres de campagne. Il leur sera donné pour tous un mulet, qui portera leurs ustensiles de cuisine. Les cavaliers de remonte seront sous le commandement d'un maréchal des logis et d'un brigadier, qui sera responsable de la discipline.

Les bagages de l'Empereur seront escortés par un brigadier et six gendarmes de l'escadron de la Garde. Ces bagages ou fourgons seront toujours sous le commandement d'un courrier de l'Empereur.

Palais de Saint-Cloud, le 18 juillet 1870.

L'ADJUDANT GÉNÉRAL DU PALAIS.

MAISON DE L'EMPEREUR

SERVICE DU GRAND MARÉCHAL.

Note sur l'organisation des équipages de MM. les aides de camp et officiers d'ordonnance de l'Empereur, et sur leur tenue de campagne.

Il sera alloué, à titre d'indemnité d'entrée en campagne, à MM. les aides de camp désignés pour accompagner l'Empereur, 20,000 francs, et à MM. les officiers d'ordonnance, 15,000 francs.

Les premiers devront avoir quatre chevaux de selle à leur rang, et les derniers trois. Ces messieurs devront se les procurer dans le plus bref délai possible. L'état signalétique de ces chevaux devra être envoyé, par ordre de l'Empereur, à l'adjudant général du Palais, qui les fera inscrire sur un contrôle spécial tenu dans ses bureaux.

Il sera accordé facultativement à MM. les aides de camp deux cavaliers de remonte non montés pour conduire et panser leurs chevaux, et un cavalier à chaque officier d'ordonnance.

Reçu de 500,000 francs prêtés par le duc de Valence au Prince-Président, avant le coup d'État.

Ély. ée National le 26 avril 1851.

Je reconnais avoir reçu aujourd'hui de Mr. le Maréchal Duc de Valence la somme de cinq cent mille francs ... lui rembourserai payables par ... dans un délai de cinq ans et par cinquièmes d'année en année, si je n'ai pu le lui rembourser plus tôt —

Louis Napoléon Bonaparte

Ces messieurs pourront emmener chacun un valet de chambre.

Chaque aide de camp ou officier d'ordonnance devra avoir deux harnachements complets, afin de pouvoir changer instantanément de monture.

MM. les aides de camp et officiers d'ordonnance porteront pour la campagne la tunique sans broderie, le chapeau et le pantalon écarlate avec houzioux, ou pantalon à tige, à volonté.

Il sera fourni, par ordre de l'adjudant général, à chacun de ces messieurs, une paire de cantines avec ferrures, afin que ces cantines puissent être indistinctement chargées soit dans les fourgons, soit à dos de mulet, ainsi que le lit-cantine qui en fait partie intégrante. Un certain nombre de fourgons et des brigades de mulets seront désignés à cet effet par ordre du premier écuyer. Des tentes, à raison d'une par deux aides de camp et d'une pour quatre officiers d'ordonnance, seront chargées sur des fourgons pour servir en cas de besoin.

Les cavaliers de remonte et les **valets** de chambre devront être munis de petites tentes-abris à l'instar de celles de la troupe..

En dehors du strict bagage contenu dans les cantines, il sera porté par les fourgons du gros bagage du Quartier impérial une cantine en plus des deux dont il a été parlé pour chacun de ces messieurs, avec étiquette nominative, pour contenir les effets de rechange, etc.; ces cantines ne rejoindront ces messieurs que pendant les séjours prolongés dans les villes ou dans les cantonnements, les fourgons des gros bagages marchant avec l'arrière-garde.

MM. les aides de camp et officiers d'ordonnance devront se munir, pour leurs chevaux, de moyens d'attache, soit cordes, soit entraves, suivant ce qui leur paraîtra le plus convenable. Ces objets devront naturellement être portés par leurs chevaux de main, comme leurs ustensiles de sellerie et d'écurie.

Palais de Saint-Cloud, le 18 juillet 1870.

L'ADJUDANT GÉNÉRAL DU PALAIS.

Dépêches des derniers jours de l'empire.

Les dépêches du maréchal Bazaine établissent qu'à l'heure où M. de Palikao faisait au corps législatif des communications rassurantes, il en recevait au contraire d'attristantes. Ces dépêches montrent, en outre, que Napoléon, malgré les déclarations du Ministre de la guerre commandait toujours.

THÉATRE DE LA GUERRE.

L'Impératrice à la princesse Mathilde,
à Saint-Gratien.

7 août, 12 h. 55.

J'ai de mauvaises nouvelles de l'Empereur. L'armée est en retraite. Je rentre à Paris, où je convoque le Conseil des ministres.

EUGÉNIE.

A S. M. l'Empereur, au camp de Châlons.

Camp de Fort-Plappeville, 18 août 1870,
8 h. 20 du soir.

J'ignore l'importance de l'approvisionnement de Verdun. Je crois qu'il est nécessaire de n'y laisser que ce dont a besoin la place.

J'arrive du plateau. L'attaque a été très-vive. En ce moment, 7 heures, le feu cesse. Nos troupes constamment restées sur leurs positions. Un régiment, le 60e, a beaucoup souffert en défendant la ferme de Saint-Hubert.

Maréchal BAZAINE.

Le Maréchal Mac-Mahon au Ministre de la guerre.

Camp de Châlons, 20 août 1870, 8 h. 45 m.

Les renseignements parvenus semblent indiquer que les trois armées ennemies sont placées de manière à intercepter à Bazaine les routes de Briey, de Verdun et de Saint-Mihiel. Ne sachant la direction de la retraite de Bazaine, bien que je sois dès demain prêt à marcher, je pense que je vais rester au camp jusqu'à connaissance de la direction prise par Bazaine, soit au nord, soit au sud.

Maréchal de MAC-MAHON.

———

Ministre de la guerre au Maréchal Mac-Mahon, au camp de Châlons.

De Paris au camp de Châlons, le 20 août 1870 3 h. 40 du soir.

J'ai reçu votre dépêche de 8 heures 45 minutes ; le seul renseignement que je puisse vous donner est le suivant : le 18 au soir, Bazaine occupait comme position la ligne d'Amanvillers à Sussy.

———

Ministre de la guerre au Maréchal Mac-Mahon, au camp de Châlons.

De Paris au quartier impérial, le 21 août 1870, à 10 h. 15 du soir.

M. de Bouville télégraphie de Vienne, le 20 : « On mande par une voie sûre, du

quartier général du prince royal de Prusse.:
« Le choléra et le typhus font de nom-
« breuses victimes. Il sera impossible de
« donner des soins aux malades et aux bles-
« sés. On ne sait ce qui arrivera si la
« guerre se prolonge. »

---

*Ministre de la guerre à Sa Majesté l'Em-
pereur, au camp de Châlons (1).*

Quartier impérial de Paris, le 21 août 1870
à 10 heures.

Il y a deux partis à prendre : ou dégager
promptement Bazaine, dont la position est
des plus critiques, en se portant en toute
hâte sur Montmédy ; ou marcher contre le
prince royal de Prusse, dont l'armée est
nombreuse et qui a la mission d'entrer dans
Paris, où il serait proclamé empereur d'Allemagne. Dans ce dernier cas, je puis envoyer le 13e corps d'armée, général Vinoy,
27,000 hommes, occuper la Ferté-sous-
Jouarre, où il serait le pivot d'un mouve-

(1) A l'heure où il annonçait à la tribune que Napoléon ne commandait plus, M. de Palikao lui ex-
pédiait cette dépêche.

ment tournant de l'armée de Mac-Mahon, qui marcherait vigoureusement sur le flanc de l'armée prussienne, soit qu'elle prenne la route de Vitry, Champaubert et Montmirail, soit qu'elle se dirige par Wassy, Montiérender et Brienne.

Les Inspecteurs délégués de l'état-major à Colonel d'état-major Stoffel, attaché près de Son Exc. le Maréchal Mac-Mahon, à Reims.

Longwy, 22 août, 4 h. 50 m.

Inspecteurs délégués font connaître que le maréchal Bazaine adresse à S. Exc. le maréchal Mac-Mahon : « J'ai dû prendre position près de Metz pour donner du repos aux soldats et les ravitailler en vivres et munitions. L'ennemi grossit toujours autour de moi, et je suivrai probablement pour vous joindre la ligne du nord, et vous préviendrai si marche peut être entreprise sans compromettre l'armée. »

Général commandant supérieur de Verdun à l'Empereur, au camp de Châlons, et au ministre de la guerre à Paris.

Verdun, 22 août, 8 h. 5 m. du matin.

Enfin nous avons nouvelles du maréchal Bazaine par gardes forestiers qui apportent dépêches suivantes :

————

Le Maréchal Bazaine à S. M. l'Empereur, au camp de Châlons.

Ban Saint-Martin, le 19 août 1870.

L'armée s'est battue hier toute la journée sur les positions de Saint-Privat et de Rozereuilles et les a conservées. Les 4ᵉ et 6ᵉ corps seulement ont fait, vers neuf heures du soir, un changement de front, l'aile droite en arrière, pour parer à un mouvement tournant par la droite que les masses ennemies tentaient d'opérer à l'aide de l'obscurité. Ce matin, j'ai fait descendre de leurs positions les 2ᵉ et 3ᵉ corps, et l'armée est de nouveau groupée sur la rive gauche de la Moselle, de Longueville au

4

Sansonnet, formant une ligne courbe passant par le haut du Ban Saint Martin, derrière les forts de Saint-Quentin et Plappeville. Les troupes sont fatiguées de ces combats incessants, qui ne leur permettent pas les soins matériels, et il est indispensable de les laisser reposer deux ou trois jours. Le roi de Prusse était ce matin avec M. de Moltke à Rezonville, et tout indique que l'armée prussienne va tâter la place de Metz. Je compte toujours prendre la direction du nord et me rabattre ensuite par Montmédy sur la route de Sainte-Menehould et Châlons, si elle n'est pas fortement occupée. Dans ce cas, je continuerai sur Sedan et même Mézières pour gagner Châlons. Il y a dans la place de Metz 700 prisonniers qui deviendraient un embarras pour la place eu cas de siége ; je vais proposer un échange à général de Moltke pour pareil nombre d'officiers et de soldats français.

(*Donner à Mac-Mahon.*)

Le Ministre de la guerre à l'Empereur, à Reims.

Paris, 22 août, 1 h. 5 m. du soir.

Le sentiment unanime du Conseil, en présence des nouvelles du maréchal Bazaine, est plus énergique que jamais. Les résolutions prises hier soir devraient être abandonnées. Ni décret, ni lettre, ni proclamation ne devraient être publiés (1). Un aide de camp du ministre de la guerre part pour Reims avec toutes les instructions nécessaires.

Ne pas secourir Bazaine aurait à Paris les plus déplorables conséquences. En présence de ce désastre, il faudrait craindre que la capitale ne se défende pas.

Votre dépêche à l'Impératrice nous donne la conviction que notre opinion est partagée.

---

(1) De quels décrets s'agit-il? Qu'annonçait à la France cette proclamation avortée ? On verra plus loin que M. Rouher était allé chercher au quartier impérial de Courcelles, près de Reims, des décrets qu'il a emportés, et qui n'ont point paru.

POST-SCRIPTUM. Ces décrets, et la proclamation dont il est ici question ont été trouvés aujourd'hui même, 22 septembre, dans le cabinet de M. Rouher au Luxembourg.

Paris sera à même de se défendre contre l'armée du prince royal de Prusse. Les travaux sont poussés très-promptement; une armée nouvelle se forme à Paris. Nous attendons une réponse par le télégraphe.

L'Empereur au Ministre de la guerre.

Courcelles, le 22 août, 4 h.

Reçu votre dépêche. Nous partons demain pour Montmédy. Pour tromper l'ennemi, faire mettre dans le journal que nous partons avec 150,000 hommes pour Saint-Dizier. J'accepte Wimpfen à la place de Failly. Maissiat ne peut pas continuer; vous nommerez Lacretelle à sa place. Supprimerez les décrets que vous a portés Rouher, mais exécutez les conclusions pour l'appel des anciens soldats.

Maréchal Bazaine à l'Empereur.

Ban Saint-Martin, 20 août 1870.

Mes troupes occupent toujours les mêmes positions. L'ennemi paraît établir des batteries qui doivent lui servir à appuyer son investissement; il reçoit constamment des renforts. Le général Marguerite a été tué le 16. On les croyait disparus. Nous avons dans la ville de Metz au delà de 16,000 blessés.

Pour copie conforme :
Le 21 août 1870.

Commandant place Thionville.

Maréchal Bazaine pour Ministre guerre, Paris.

22 août, 1 h. 7 m.

(Sans date de la transmission de Mézières.)

Nous sommes sous Metz, nous ravitaillant en vivres et en munitions. L'ennemi grossit toujours et paraît commencer à nous investir. J'écris à l'Empereur, qui vous donnera communication de ma dépêche. J'ai reçu la dépêche de Mac-Mahon, auquel j'ai répondu ce que je crois pouvoir faire dans quelques jours.

Maréchal Mac-Mahon au Ministre
de la guerre, Paris.

Courcelles, 22 août 1870, 11 h. 30 m.

Le maréchal Bazaine a écrit du 19 qu'il comptait toujours opérer son mouvement de retraite par Montmédy.

Par suite, je vais prendre des dispositions.

Maréchal MAC-MAHON.

Maréchal Mac-Mahon au Général comman-
dant à Verdun; au Commandant supé-
rieur de Montmédy; au Maire de Lon-
guyon.

Envoyez au maréchal Bazaine la dépêche ci-après, très-importante. Faites-la-lui parvenir par cinq ou six émissaires différents, auxquels vous remettrez les sommes, quelles qu'elles soient, qui leur seraient nécessaires pour accomplir leur mission.

Maréchal MAC-MAHON.

Mac-Mahon à Bazaine.

Reçu votre dépêche du 19. Suis à Reims; me porte dans la direction de Montmédy. Serai après-demain sur l'Aisne, d'où j'agirai selon les circonstances pour vous venir en aide. Traitez marché de vos nouvelles.

Ministre de guerre à Maréchal Mac-Mahon.

Bétheniville, par Reims.

Les deux batteries fournies par l'artillerie de marine appartiennent à la 1re division du 12e corps.

Ministre de guerre à l'Empereur.

De Paris à Courcelles, le 23 août 1870,
à 4 h. 20 m. du soir.

Wimpfen est prévenu. Lacretelle est nommé. Les décrets donnés à Rouher sont supprimés. Je demande de nouveau les cadres pour l'infanterie et la cavalerie. 4es régiments à 6 compagnies. Nous avons déjà 26 régiments de marche.

Empereur à S. Exc. le Ministre de la guerre, Paris.

Courcelles, le 23 août 1870, 8 h. 15 m.

Il est bien essentiel de diriger sur Reims, qui doit être diversion, tête de ligne de chemin de fer, une force assez respectable pour que des coureurs ennemis ne viennent pas interrompre nos communications.

NAPOLÉON.

Maréchal Mac-Mahon au Ministre de la guerre.

Quartier général à Rethel, 24 août, 9 h. soir.

Je crains de rencontrer encore dans les Ardennes grandes difficultés pour nourrir l'armée par le pays, difficultés qui seront insurmontables si nous parvenions à joindre Bazaine. Je demande donc à ce qu'il soit dirigé sur Mézières des convois considérables de biscuit, soit près de deux millions de rations.

Maréchal MAC-MAHON.

EXTRAIT DES DÉPÊCHES DU 4 SEPTEMBRE 1870

(Jour de la République.)

A M. Conti, chef cabinet de l'Empereur,
184, rue de Rivoli, Paris.

De Libramont, 1 h. 45, le 4 septembre 1870.

Préfet police est-il aux Tuileries de sa personne ?

Réponse.

Il n'est pas aux Tuileries. Ne transmettez pas cette dépêche.

Il y a un monsieur dans le cabinet à côté.

Alors ne remettez rien. Le nouveau directeur général envoie quelqu'un dans une demi-heure.

2 h. 30.

Recevez-vous les dépêches pour l'Impératrice ?

Réponse.

Non.

Le palais est-il donc envahi?

Réponse.

Non.

Alors je vous donne quand même la dépêche de Madrid.

(Suit une dépêche de la comtesse Montijo à sa fille.)

———

DERNIÈRE DÉPÊCHE EXPÉDIÉE DES TUILERIES
Dans la journée du 4.

Paris, 2 h. 50 m.

Duperré,
à Maubeuge.

Filons sur Belgique.

Filon.

(Cette dépêche est signée de M. Filon, précepteur du prince, qui transmettait la plupart des dépêches de l'Impératrice.)

———

La police impériale.

Ce qui fait l'intérêt des documents du genre de celui qui suit, c'est qu'on y voit la preuve que l'espionnage, organisé sur toute la surface du pays par le gouvernement du 2 décembre, n'épargnait pas même les fonctionnaires de l'Empire. Ceux-ci se dénonçaient les uns les autres, et leurs rapports étaient centralisés dans les mains de Napoléon III.

Décachetage des lettres.

Les facteurs	desservant les rues de
Hennocq	Varennes,
Decisy	Belle-Chasse,
Busson	Saint-Nicolas-d'Antin,
Houde	Caumartin,
Thibault ....,..	Chaussée-d'Antin,

sont engagés à prix d'argent dans la police secrète du Ministère de l'intérieur, dirigée par M. Saintomer.

Leur service consiste à livrer la correspondance des personnes qui leur sont désignées. Ils sont aidés pour cela par des concierges engagés comme eux dans la même organisation. Ils entrent à chaque distribution dans la loge de ces concierges, y déposent leurs lettres, s'il y a lieu, et viennent les reprendre à la distribution suivante. De cette manière ils échappent aux soupçons, car ils peuvent être amenés chez ces concierges pour la remise de lettres destinées aux locataires de la maison. On ne connaît pas les aides des facteurs de la rive gauche. Ceux de la rive droite sont aidés par les concierges :

Pierre....	Rue d'Anjou, 9.
Orsier....	Rue d'Anjou, 3.
Pinsoi....	Rue d'Anjou, 53.
Niaux (P.).	Rue de la Chaussée-d'Antin, 2.

Les lettres reçues par ces concierges sont le plus souvent portées en voiture chez M. Saintomer, rue Las-Cases, 18, qui les ouvre, en prend copie s'il y a lieu, les remet en état, et remportées par le concierge, qui les remet au facteur à la distribution suivante. On n'a pu savoir si le facteur qui dessert l'avenue Montaigne et l'avenue d'Antin est entré au service de la Direction générale de la sûreté publique. Si on a dû se passer de lui, on a eu évidemment le concours des concierges des maisons où se trouvaient les personnes dont on avait intérêt à lire la correspondance.

En général, ces opérations sont faites avec secret et habileté; il paraît cependant qu'elles n'ont pas tout à fait réussi dans la rue Caumartin, où une femme dont la correspondance était ouverte a provoqué des recherches qui, dirigées par M. Palestrino lui-même, pendant plusieurs jours, n'ont amené aucun des résultats qu'on attendait.

M. Hyrvoix.

Le bruit a couru à Paris, pendant le séjour de l'Empereur à Plombières, que M. Hyrvoix avait été parfois mêlé à la vie intime de l'Empereur. On pensait au Ministère de l'intérieur que M. Hyrvoix pouvait faire quelques confidences sur ce sujet délicat à sa maîtresse, madame de***, demeurant alors rue de Caumartin. Pour s'en assurer, on a fait ouvrir pendant quelque temps la correspondance reçue par cette

dame ; on n'y a trouvé que les épanche-
ments ordinaires d'un amoureux absent et
inquiet. C'est le facteur de la rue Caumartin qui livrait ces lettres aux agents du
Ministère de l'intérieur.

Madame la Comtesse de Castiglione.

Pendant le séjour de l'Empereur à Plombières et à Biarritz, la correspondance reçue par madame de Castiglione a été ouverte et lue par les agents du Ministère de
l'intérieur. On ignore ce qu'on y a lu et le
nom des personnes de qui ces lettres éma-
naient ; on ignore si ces lettres étaient livrées par le facteur ou par le concierge (1).

Madame Botti.

M. Collet-Meygret est très-mal disposé à
l'égard de M. Fould. C'est sans doute pour
se procurer des armes contre lui que la
correspondance de madame***, qu'on sa

_____

(1) Ici se trouve en marge, de la main de Napoléon : *Comme il n'en existait pas, on n'a pu en trouver. N.*

vait être sa maîtresse, a été lue. On ignore si elle était livrée par le facteur ou le concierge.

La correspondance de madame de Montebello (1) a été lue par les agents du Ministère de l'intérieur, à qui elle était livrée par le facteur chargé de desservir la rue de Varennes.

Monsieur A. de la Guéronnière (2).

Ce Conseiller d'État avait été en mesure de faire restituer à M. Billault des lettres écrites par celui-ci à l'époque des premières élections au Corps législatif, et dans lesquelles la personne du prince président de la République était traitée dans des termes embarrassants pour le député devenu Ministre de l'intérieur.

M. de la Guéronnière est considéré comme ayant des affinités politiques avec M. Fould et des préférences pour lui. Il avait dans plusieurs occasions exprimé pu-

(1) Il y avait *cette dame* sur la minute. Le nom de madame de Montebello est écrit par Napoléon.

(2) Les huit lignes suivantes ont été rayées sur la minute.

bliquement des jugements sévères sur le
compte de la Direction générale de la sûreté publique. Ces diverses circonstances
avaient fait considérer comme utile de surprendre ses secrets particuliers, qu'on sa-
vait être d'une nature assez délicate. On y
a réussi en s'emparant de sa correspondance, qui était, on le croit, livrée par son
domestique aux agents du Ministère de
l'intérieur.

*Rapport à l'Empereur sur M. Collet-
Meygret, directeur de la sûreté publique.*

Le rapport suivant était annexé à la note
précédente, qu'il explique et qu'il complète en quelque sorte. Il est important et
curieux.

La Direction générale de la sûreté publique devrait, pour se conformer à la pensée de son institution, exercer la police
dans l'Empire et à l'étranger, partout où
se rencontrent des éléments hostiles à l'Empereur. En réalité, elle ne l'exerce nulle
part. Elle n'a d'agents ni à Londres, ni à
Jersey, ni à Bruxelles, ni en Hollande, ni

en Suisse, ni en Piémont, ni en Espagne, où se trouvent réunis des émigrés et des exilés très-ardents contre l'Empire. Elle se borne à entretenir à Londres deux agents, très-connus des réfugiés, dont l'un appartient à la police métropolitaine et l'autre au commerce. Les rapports qu'elle en reçoit sont rares et stériles.

A l'intérieur, elle fait la police par l'intermédiaire des préfets et des commissaires de police. Le préfet de police seul donne un concours quelquefois utile, et ce fonctionnaire a étendu son action et ses recherches sur tout le territoire de l'Empire, où il s'est, au vu de tout le monde et du consentement tacite du Ministère de l'intérieur, substitué à la Direction générale de la sûreté publique. C'est au préfet de police que l'on doit la découverte des sociétés secrètes découvertes en 1856 à Niort, à Saint-Etienne, à Vienne et à Lyon.

Après avoir abandonné, par impuissance de le conserver, son domaine naturel, la Direction générale de la sûreté publique a circonscrit son activité dans un cercle étroit de recherches et à son profit personnel. M. Collet-Meygret, nouveau venu dans le monde gouvernemental, n'a pas su y

prendre sa place par droit de conquête et
il s'est appliqué à se la faire, en cherchant
contre des rivaux ou des supérieurs des
armes dans leur vie privée. C'est dans ce
but que le décachetage des lettres, en dehors du concours officiel et volontaire du
Directeur général des postes, a été entrepris sur une vaste échelle. On a dit dans
une précédente note comment cette opération était exécutée. C'est ainsi qu'on s'est
procuré la correspondance de M. Fould et
de M. Hyrvoix avec leurs maîtresses ; celle
de M. de la Guéronnière, de madame la
comtesse de Montebello (1), la comtesse
de Castiglione et celle de bien d'autres personnes.

La presse française et étrangère a aussi
été, entre les mains de M. Collet-Meygret,
un moyen tout personnel de fortifier sa position, en ébranlant celle de personnes
plus importantes que lui. Les attaques que
la presse allemande et anglaise ont colpor-
tées contre MM. de Morny, Fould, Magne,
Rouher, Haussmann, Pereire et Billault
lui-même, ont été souvent inspirées par le

_____

(1) Cette fois, le nom tracé par Napoléon dans la
pièce précédente est rayé.

Directeur général de la sûreté publique, qui fournissait le thème à développer. On peut à ce propos rappeler la lutte d'influence et d'attributions qui s'est élevée il y a quinze mois environ, entre MM. Haussmann et Piétri. M. Collet-Meygret poussait M. Billault à sacrifier le préfet de la Seine au préfet de police. Il sollicitait itérativement le comte Bacciochi d'appeler l'attention de l'Empereur sur la nécessité de ce sacrifice et lui demandait, en même temps, de signaler à Sa Majesté M. Collet-Meygret comme l'homme le plus capable de remplacer M. Haussmann.

Pendant ce temps-là, et pour appuyer ces démarches, M. Collet-Meygret faisait raconter dans les journaux allemands le conflit des deux préfets et exhorter M. Billault à la fermeté. D'autres journaux, pour concourir au même but, disaient que M. Haussmann ne tarderait pas à sortir avantageusement de ce conflit et qu'il remplacerait M. Billault au Ministère de l'intérieur. La Correspondance parisienne du *Times*, inspirée au ministère de l'intérieur, faisait en même temps pleuvoir des sarcasmes sur le ton cavalier de M. Haussmann à l'égard de M. le Ministre de l'intérieur. Pour d'autres motifs et dans un intérêt différent, M. Collet-Meygret a fait attaquer M. Pereire et le Crédit mobilier par les journaux étrangers.

Tel est l'usage que M. Collet-Meygret a fait des pouvoirs immenses qui lui sont confiés. On voit que le bien de l'Etat et le service de l'Empereur n'en ont pas tiré grand profit. Ces abus sont malheureusement devenus notoires, et la longanimité du Ministre qui les tolère, les connaissant, et l'inaction de l'Empereur, qui ne les détruit pas, parce qu'il les ignore, ont *nui à la considération* (1) du Ministère de l'intérieur.

2 [Les préfets en masse, qui devraient avoir en lui une confiance absolue, se tiennent à son égard sur la réserve la plus inquiète, sobres de rapports et de confidences, ne le défendant pas quand on l'attaque devant eux, et mêlant très-souvent leurs plaintes et leurs récriminations à celles du public.

Le public, il faut le reconnaître, ne manque ni de prétextes ni de raisons pour flé-

(1) Ces mots sont de la main de Napoléon.
(2) *Nota*.—Les douze lignes entre crochets ont été rayées sur la minute.

trir le Ministère de l'intérieur de sa réprobation.]

Le cabinet de M. Collet-Meygret est devenu le rendez-vous des gens d'affaires de toutes qualités. Lui-même est très-souvent rencontré dans des endroits où les devoirs de sa place ne l'appellent pas. Voici en quelques mots l'énumération des affaires qu'il a traitées et des relations qu'il a entretenues, depuis qu'il a cessé de prendre ses fonctions au sérieux.

Asphaltes de Seyssel. — M. Place. — M. Pereire.

En 1855, M. Collet-Meygret a acheté du sieur Guerdon les mines de Seyssel-Volant et de Pyrimont; il s'associa avec les frères Beaudoin et proposa à M. Pereire, déjà propriétaire d'asphaltes en Piémont, de confondre leurs intérêts. M. Place, qui a depuis fait une faillite éclatante, était chargé de suivre la négociation relative à cette affaire.

Éclairage au gaz de la Ville de Paris.

M. Billault chargea M. Collet-Meygret, que cette affaire ne regardait pas, de négocier avec MM. Pereire, Rothschild et Margueritte, les nouvelles conditions que l'Empereur entendait imposer pour le renouvellement du privilége de l'éclairage au gaz de la ville de Paris. M. Collet-Meygret profita de cette mission pour réclamer avec dureté et menaces cinq cents actions au pair de la nouvelle émission, alors qu'elles étaient demandées à la Bourse à 611 francs de prime. M. Pereire, offensé de cette attitude et de cette âpreté, refusa de capituler. M. Collet-Meygret le fit attaquer violemment dans les journaux étrangers, et notamment dans le *Times*. Des intermédiaires officieux ménagèrent une transaction ; les cinq cents actions demandées furent livrées par M. Margueritte, qui les reçut à cet effet de M. Pereire.

Relations avec MM. Mirès, Prost et Millaud.

Cet incident amena une rupture entre M. Pereire et M. Collet-Meygret. Le banquier ne fit pas un mystère du guet-apens dont il avait été victime et des moyens par lesquels il y avait échappé. MM. Collet-Meygret se rapprocha alors de M. Mirès et Prost, rivaux et même ennemis de M. Pereire et du Crédit mobilier.

La position de M. Mirès, qui est propriétaire de trois journaux, aurait pu couvrir toujours la nature des relations financières de M. Collet-Meygret avec ce banquier, si celui-ci, mal vu dans le public, n'avait pas cherché à s'abriter sous le patronage de M. Collet-Meygret. Ses jactances intéressées ont mis le public dans les confidences de ces relations, et l'on sait à Paris que, dans les diverses opérations financières entreprises par M. Mirès, ce banquier a ménagé de raisonnables et faciles profits au Directeur général de la sûreté publique.

Le journal politique la Vérité, *aujourd'hui* le Courrier de Paris.

La liaison intime de ces deux hommes a apparu d'une manière sensible dans l'acquisition du journal *la Vérité*. Ce journal a été acheté par M. Collet-Meygret, au mois de juin 1856. L'acquisition a été négociée par M. Maurin, attaché au bureau de la presse et investi de la confiance spéciale de M. Collet-Meygret. Elle fut réalisée sous le nom de M. Bordot, son secrétaire particulier, qui devint le gérant de cette feuille. Il était convenu verbalement que M. Mirès entrerait pour moitié dans la propriété du journal, et il fournit le cautionnement de 50,000 francs sur un simple reçu de M. Bordot, et sans songer à prendre ses sûretés au moyen du privilége de second ordre.

M. Collet-Meygret essaya de profiter de cette opération, pour se rattacher à M. de Morny par des liens indirects qui ne le compromettraient pas aux yeux de M. Billault. En conséquence, il offrit à MM. Joachim Murat, Dalloz et Dugas, députés et aides de camp de M. de Morny, de prendre une portion de la propriété du journal *la Vérité*. Ces messieurs refusèrent de se lier avec M. Collet-Meygret, et celui-ci songea dès lors à revendre son journal avec un gros bénéfice à M. Millaud, qui consentait à le prendre en payant une prime de 300,000 francs sur le prix d'acquisition. Le scandale de ce trafic et l'opposition de M. Mirès, qui ne voulait pas que son rival, M. Millaud, eût un journal à sa disposition, firent échouer cette négociation.

M. Collet-Meygret s'avisa alors de faire offrir à M. Pereire, par M. Auguste Chevalier, député, de lui céder une portion considérable de la propriété de *la Vérité*. M. Auguste Chevalier refusa de se prêter à ce rôle d'intermédiaire. Il refusa aussi de ménager une réconciliation avec M. Pereire, que M. Collet-Meygret désirait beaucoup.

Ayant échoué dans cette troisième tentative, M. Collet-Meygret constitua une société pour l'exploitation de *la Vérité*. Il y admit M. Mirès, sous le nom d'un de ses affidés, et M. Stokes, banquier à Londres, où il avait été flétri par la justice anglaise, et sur lequel il avait pourtant été édifié par les rapports de M. Sanders, sergent de la police métropolitaine, à Londres. La société était sous le nom de M. Bordot et C⁰. L'acte fut préparé par Mᵉ Dufour, notaire à Paris, place de la Bourse.

Cette Société n'a pas duré longtemps, et le journal a été vendu à M. Prost, banquier de réputation équivoque, pour le prix de 345,000 francs, mais moyennant l'autorisation de substituer au titre de *la Vérité* celui de *Courrier de Paris*. Entre les mains de M. Prost, le *Courrier de Paris* est devenu un organe du parti démocratique. Il a pour rédacteur M. Félix Mornand, qui a été l'objet de mesures de sûreté générale, pour collaborateur M. Charles Blanc, et le frère de celui-ci, M. Louis Blanc, pour correspondant à Londres.

Petit bassin houiller de Graissessac.

M. Collet-Meygret, en compagnie de M. Dardenne (de Toulouse), Moreau (de l'Aube), Calvet-Rogniat, député, et autres, a acheté, au prix de 1,500,000 francs, le petit bassin houiller de Graissessac, qui a été mis en actions au capital de 3 millions de francs. Cette affaire, commencée au mois de juin dernier, a été conclue récemment. L'acte a été passé chez Mᵉ Dufour, notaire. M. Collet-Meygret y est représenté par M. Platard, ingénieur civil. Les intérêts du Directeur général, dans cette opération, n'ont pas été étrangers à la persistance qu'il a mise à faire renvoyer M. Costa (préfet de l'Hérault), dont la complaisance lui avait fait défaut dans une circonstance politique et dont il redoutait le contrôle. On n'a pas l'intention de défendre M. Costa, qu'on ne connaît pas ; mais on a été témoin de l'hostilité violente déployée par M. Collet-Meygret contre ce préfet, qui n'était pas plus mauvais que beaucoup d'autres que l'on laisse vivre cependant, parce qu'on n'a pas d'intérêt personnel à les éloigner, bien que le service de l'Empereur, dans les départements, dût être confié à des mains plus dignes.

*Rapport quotidien fait à l'Empereur
par le préfet de police.*

Cabinet du Préfet de police.

Paris, le 24 novembre 1869.

LONDRES.

. . . .

. . . .

La loge *les Amitiés* de Lyon vient d'envoyer à celle des *Philadelphes* de Londres son dernier procès-verbal, duquel il résulte qu'il aurait été résolu de chercher à recruter le plus grand nombre possible de militaires, afin de les gagner à la cause démocratique. Le parti n'est pas satisfait de l'esprit de l'armée ; il espérait que la nouvelle expédition de Rome soulèverait des résistances de la part des soldats, et aboutirait même à un refus d'obéissance.

SUISSE.

Les hommes politiques, en Suisse, discutent s'il convient à la République de prendre part au congrès sur la question romaine.

La majorité paraît résolue à décliner l'invitation, en se fondant sur la neutralité de la Suisse et sur les dispositions formelles de l'article 2 de la constitution fédérale de 1848.

PARIS.

La Bourse a monté hier, par suite de l'impression résultant de la partie de l'exposé de la situation de l'Empire qui traite de nos finances. On croit à l'ajournement d'un emprunt et à la possibilité de suffire aux besoins avec les ressources ordinaires de la trésorerie.

De là une hausse sur la rente française, et les autres valeurs en subissent l'influence.

Cette hausse serait bien plus sensible sans les graves préoccupations qui pèsent sur l'opinion publique.

On est toujours soucieux de l'Italie. Les inquiétudes qui naguère tenaient aux complications allemandes sont aujourd'hui entretenues par les affaires de Rome.

Mais, si vives que soient ces préoccupations, elles le sont moins encore peut-être que celles résultant des dispositions de l'esprit public.

On ne peut, en effet, qu'en être vivement frappé.

Partout c'est un débordement de critiques amères, de défiances injustes, d'appréhensions inquiètes.

Si l'Empereur a conservé son autorité auprès des masses, on ne saurait nier que, dans les classes dirigeantes, on lui fait une guerre aussi acharnée qu'imprévoyante.

Le respect de l'autorité est affaibli, la calomnie s'attaque à tout.

L'Empereur et l'Impératrice sont le but principal vers lequel sont dirigés les traits les plus empoisonnés de la faction orléaniste.

Il y a à Bruxelles des sicaires de mensonge et de calomnie qui, chaque jour, reçoivent d'agents orléanistes le salaire de leur lâcheté.

Le ton de la petite presse a passé dans les conversations et dans les mœurs ; la chronique scandaleuse défraye les cercles et les salons ; les forces conservatrices se divisent et s'abandonnent, et l'on sent au-dessus d'elles les appétits excités, les passions qui fermentent, et une soif immodérée de bien-être et de jouissances matérielles.

L'œuvre des libres-penseurs et de la morale indépendante se poursuit au grand jour; il suffit de vouloir mourir sans prêtre et être inhumé sans aucune cérémonie du culte, pour être exalté par certaines feuilles publiques.

Tout récemment, à Bourges, une femme du peuple, à Orange, un docteur en médecine, ont ainsi obtenu les éloges de la presse dite *libérale* et occasionné des manifestations dont le caractère anarchique, en dehors même de toute conviction religieuse, effraye les uns et démoralise les autres.

Dans la réunion qui a eu lieu chez M. Marie, on s'est surtout occupé de l'attitude que devait prendre la gauche au prochain renouvellement du Corps législatif.

Il a été posé en principe que l'on devait s'appliquer à faire prévaloir les idées de conciliation.

C'est sur cette base que l'on discutera dans la prochaine réunion la composition même de la liste.

On paraît disposé à appuyer à Paris la

candidature de M. Thiers et celle de M. E. Ollivier.

Un des députés de Paris, M. Darimon, serait exclu.

Hier de douloureux événements se sont produits à l'Exposition universelle.

Un homme d'équipe a été broyé sous le poids d'une caisse, deux autres ont été blessés assez grièvement.

Les fourneaux du Prince Impérial ont débité hier 34,430 portions, dont 19,798 rations de pain.

Le préfet de police,

J.-M. PIETRI.

Ce que coûtait l'Empire

—

BUDGET DE LA FAMILLE IMPÉRIALE

Lettre de M. Achille Murat à Napoléon.

Demande d'argent. — Une note donnant un total de sommes versées au prince Achille Murat était attachée à l'original de cette lettre. Nous la reproduisons plus bas.

Sire,

Je m'empresse d'informer Votre Majesté de mon retour à Paris, où j'ai été contraint de revenir, appelé par mes affaires. Je viens donc me mettre aux ordres de Votre Majesté, l'assurant que je n'ai rien de plus à cœur que de Lui prouver mon sincère désir de m'y conformer entièrement.

Après huit mois de séjour au Caucase,

Sire, je suis revenu pour rejoindre en
Afrique le nouveau régiment dans lequel,
à la demande de mon frère, Votre Majesté
a daigné me placer, persuadé que les ar-
rangements faits pendant mon absence me
permettraient de reprendre mon service et
d'effacer alors, par ma conduite, de l'esprit
de Votre Majesté, mes fautes passées. Malheureusement, Sire, rien ou presque rien
n'est changé dans ma triste situation. Jusqu'à présent, les fonds employés ont servi
à éteindre à peine les dettes contractées
sur parole, celles dans lesquelles l'honneur
de mon nom était engagé, de sorte que
tous les ennuis, tout le scandale dont j'é-
tais menacé avant mon départ me menacent
encore. En Afrique comme à Paris, ma
présence va réveiller l'acharnement de
mes créanciers : j'y serai poursuivi, traqué,
saisi, exposé tous les jours à des réclamations incessantes, menaçantes, dont la
malveillance ne manquera pas de s'empa-
rer, et Votre Majesté est trop juste pour
vouloir que, dans de telles conditions,
j'aille rejoindre mon régiment, dans lequel
toute la déconsidération dont je serais en-
touré m'enlèverait l'estime de mes cama-
rades et rendrait mon existence et mon

service au milieu d'eux complétement im-
possibles.

Je n'ose supplier Votre Majesté de vouloir bien me permettre d'aller Lui soumettre en quelques mots ma situation
véritable, et les moyens d'en aplanir les
difficultés, car la situation qu'on Lui a pré-
sentée a été très-exagérée, j'ignore dans quel
but; mais je La supplie de croire et d'être
persuadée que je tiens avant tout à recon-
quérir son affection, et que pour y parvenir je suis prêt à faire tout ce qui est
dans mon pouvoir.

De Votre Majesté le très-obéissant neveu
et sujet.

ACHILLE MURAT.

30 septembre 1869.

En marge, au crayon, de la main de
Napoléon :

*Refus. — L'Empereur ne veut pas se
méler de ses affaires.*

Napoléon s'était fait présenter, avant de
refuser, le total des sommes allouées de
1852 à 1866 à la famille Murat, ce total est
assez respectable.

Le prince Achille Murat.

1864. Juillet. Reçu de Sa Majesté l'Empereur...................... 32,000 fr. »
Août. Id................. 10,000 »
Septembre. Id .... 10,000 »
Octobre. Id............. 3,000 »
Novembre. Id........... 23,000 »
1865. Avril. Id............ 4,959 45
Novembre. Id.......... 248 »

83,207 45

MINISTÈRE DE LA MAISON DE L'EMPEREUR ET

DES BEAUX-ARTS.

SECRÉTARIAT GÉNÉRAL
État B

État des sommes qui, depuis 1852, ont été payées en capital à S. A. le prince Lucien Murat et aux membres de sa famille.
1° S. A. LE PRINCE LUCIEN MURAT.
Avril 1852.
1° Un million de francs, payable par à-

compte mensuels de 25,000 francs, plus les intérêts, ci .... 1,000,000 fr. »

Décembre 1852.

2° Un million de francs, payables par sixième et par mois, plus les intérêts... 1,000,000 »

    Cette somme est accordée à la condition que la pension du prince sera réduite de 100,000 à 50,000 francs et qu'il sera fait emploi du capital, pour l'usufruit, en faveur du prince, et pour la nue propriété en faveur de son fils aîné.

Février 1860.

3° Trois cent mille francs (cette somme est accordée pour l'acquisition d'un hôtel situé à l'angle de l'avenue Montaigne et de la rue Jean-Goujon), ci .. 300,000 »

A reporter   2,300,000 »

Report 2,300,000 »

Mai 1860.

4º Douze mille cinq cents francs, pour le payement d'un legs dû au prince, du chef de sa mère, sur la succession du cardinal Fesch, ci.............. 12,500 »

Juillet 1860.

5º Cent mille francs, montant d'une allocation mise à la disposition du prince, ci..................... 100,000 »

Décembre 1864.

6º Soixante-sept mille francs (cette somme est accordée à titre d'avance remboursable ; mais elle n'a été remboursée que jusqu'à concurrence de 35,000 francs), et en conséquence, il reste dû...... 32,000 »

TOTAL..... 2,444,500 »

2º S. A. LE PRINCE JOACHIM MURAT.

Mars 1854.

Allocation de cent quatre
  vingt mille francs à l'occasion de son mariage, ci..   180,000   »

3º MADAME LA DUCHESSE DE MOUCHY.

1866.

Allocation de un million
  sept cent trente-huit mille
  soixante-deux francs qua-
  rante-huit centimes, pour
  servir à constituer la dot
  de madame la duchesse
  de Mouchy, ci..........   1,738,062 48
  _____

          ENSEMBLE.... 4,362,562 48

La note suivante, écrite à l'encre, est
tracée en marge de cette pièce :

*La dot était de 2,000,000 de francs, le
surplus de la somme de 1,738,062 fr. 48 c.
a été payé par l'Empereur en dehors de
l'intervention du ministère.*

CE QUE COUTE UN BAPTÊME

Naissance et baptême du prince impérial.

Médaillons en diamants.........	25,000
Allocation aux médecins........	62,000
— à la sage-femme...........	6,000
A la société des auteurs et compositeurs dramatiques......	10,000
— gens de lettres	10,000
— artistes dramatiques......	10,000
— artistes musiciens........	10,000
— peintres, sculpteurs, etc..	10,000
— inventeurs industriels....	10,000
— médecins du département de la Seine..............	10,000
Aux bureaux de bienfaisance de la Seine et des communes où sont situés les biens de la Couronne	93,000
Layette...................	100,000
Gratifications de quatre mois de traitement aux agents du service intérieur de S. M. l'Impératrice................	11,000
Spectacles gratis du 18 mars 1856.	44,000
Secours aux parents des enfants nés le 16..................	50,000
A reporter........	461,000

	Report....	461,000
Médailles aux auteurs et compositeurs des cantates et vers adressés à LL. MM. Médailles aux troupes et élèves des lycées.		85,000
Brevets adressés aux parents des filleuls de LL. MM............		20,000
Cortége du baptême. Service des écuries......................		172,000
Gratifications aux gagistes de la maison de LL. MM............		160,000
TOTAL.........		898,000

Frais de voyage du prince Jérôme Bonaparte, de Saint-Nazaire à Nantes. Lettre de M. de Mentque, préfet de la Loire-Inférieure, au ministre de l'intérieur.

Nantes, le   août 1852.

Monsieur le Ministre,

A la date du 6 août, j'ai reçu de Votre Excellence une dépêche télégraphique ainsi conçue :

« Le prince Jérôme arrive, selon toute
« probabilité, demain samedi, 7 courant, à
« Saint-Nazaire.

« Veuillez prendre immédiatement les
« dispositions nécessaires *pour assurer con-*
« *venablement le transport de Son Altesse*
« *et de sa suite* de Saint-Nazaire à Nantes.

« Mon département se chargera des
« frais. »

Par une autre dépêche, Votre Excellence
m'a recommandait de recevoir S. A. le
Prince Jérôme avec tout l'éclat dû à son
rang.

Je pris mes dispositions; un bateau à
vapeur fut frété à prix débattu. Je fis
marché avec un restaurateur pour que le
Prince et sa suite trouvassent à bord un
dîner convenable.

Désirant que la présence du Prince fût
environnée d'un certain éclat, comme vous
l'aviez ordonné, j'ai fait un arrangement
avec un chef d'orchestre pour que vingt
musiciens fussent placés sur le bateau;
enfin, j'ai fait élever des arcs de triomphe
sur plusieurs points.

Le total de ces dépenses, faites *unique-*
ment pour le voyage du Prince, de Saint-
Nazaire à Nantes, s'est élevé à la somme de

1,828 *francs*, que j'ai soldée aux différents fournisseurs.

J'ose espérer, Monsieur le Ministre, que vous voudrez bien m'en faire tenir le montant,

Ci-joint les quittances, sauf celles relatives aux arcs de triomphe, qui se répartissent sur un trop grand nombre d'individus.

Je suis avec un profond respect, Monsieur le Ministre, de Votre Excellence le très-humble et très-obéissant serviteur.

Le Préfet de la Loire-Inférieure,
E. DE MENTQUE.

P. S. Votre Excellence voudra bien remarquer qu'il ne s'agit ici que des dépenses du voyage du Prince, de Saint-Nazaire à Nantes, selon les prescriptions de la dépêche télégraphique.

Quant à la réception qui a eu lieu à la préfecture, il ne peut en être question ici; c'est un grand honneur dont je resterai toujours profondément reconnaissant.

Etat des dépenses du voyage de S. A. le prince Jérôme, de Saint-Nazaire à Nantes.

Location d'un bateau à vapeur..	500 fr.
Ornementation de ce bateau par le tapissier	125
Orchestre sur le bateau........	380
Au maître de poste de Guérande, pour les chevaux conservés pour le Prince..............	31
Au sous-préfet de Paimbœuf, chargé d'une mission pour le Prince, déboursé en frais de poste.	87
Plusieurs arcs de triomphe élevés sur les deux rives du fleuve..	355
Repas de vingt personnes, à bord du bateau à vapeur, pour le Prince et sa suite	350
TOTAL........	1,828 fr.

Fonds secrets.

Aperçu, sans plus de détails, de la façon dont étaient répartis les fonds secrets du gouvernement impérial.

Crédit : 2,000,000 francs.

Article 1er. Frais de police de la Préfecture de police..... 600,000

Art. 2. Frais de police des préfets dans les départements (Bouches-du-Rhône, Rhône, Nord, Gironde, etc.)......... 223,400

Art. 3. Frais de police militaire et de police judiciaire...... 67,600

Art. 4. Service de la presse, frais généraux, journaux.... 297,540

Art. 5. Indemnités pour secours et subventions particulières. 255,860

Art. 6. Mandats soumis périodiquement pour engagements. 78,850

_____

1,523,250

Reste à la disposition du Ministre............... 487,850

_____

Total...... 2,000,000

_____

Fortune mobilière de l'Empereur à l'étranger.

Depuis 1852 jusqu'en 1866, et probablement jusqu'à la fin de son règne, Napoléon III a eu un compte ouvert chez

Baring frères, banquiers à Londres. Les notes annuelles qui établissent la balance de ce compte n'offrent rien de remarquable; un assez grand nombre de mandats de mesdames Walewska et de Cadore, diverses fournitures, des dépenses en somme modérées. Toutefois, la note du 31 décembre 1852 porte la trace évidente du coup d'Etat; elle porte au crédit impérial une somme de 767 livres sterling, reste de 36,370 livres 16 shillings. Mais le document vraiment précieux fourni par le dossier Baring est cette note, laissée par mégarde sans doute dans le compte de décembre 1866. Elle est libellée en anglais.

Russian	5 0/0 (1822)....	50,000 l. s.
Russian	5 0/0	50,000
Russian	3 0/0	50,000
Turcos	6 0/0 (1858)...	100,000
Peruvian	4 1/2 (old)....	80,000
Peruvian	4 1/2 (new)....	52,000
Canada	6 0/0	50,000
Brazilian	4 1/2 0/0.....	50,000
Egyptian	7 0/0	50,000
American	8 0/0	100,000
Mississipi	6 0/0	25,000

A reporter...... 657,000 l. s.

Report......	657,000 l. s.
Diamonds...........	200,000
Uniforms...........	16,000
	873,000
Beaujon	60,000
TOTAL.........	933,000 l. s.

Tout n'est pas expliqué dans cette note. Que sont ces *uniforms*, portés pour 16,000 livres sterling? Quant à Beaujon (60,000 livres), c'est sans doute le prix de terrains vendus, peut-être achetés au peintre Gudin. Quoi qu'il en soit, le fait de 23,325,000 francs *économisés* (sur la liste civile sans doute) et placés en sûreté n'en paraît pas moins indiscutable.

Ce que coûtait la famille impériale.

Notes sur les dépenses de la liste civile de Napoléon III, de 1853 à 1870.

La liste civile du second empire, instituée et réglementée par le sénatus-consulte du 12 décembre 1852 et les décrets des 14 décembre 1852 et 19 janvier 1853, a disposé de ressources fixes et régulières que l'on peut résumer ainsi : dotation de la liste civile, 25 millions ; dotation de la famille impériale, 1,500,000 francs ; dotation du Palais-Royal et de Meudon, 350,000 francs. Il faut y joindre les produits de la dotation mobilière et immobilière de la couronne, qui varient de 4 à 8 millions. En moyenne donc les recettes de la liste civile dépassent toujours la somme d'environ 32 millions, qui suffit à peine à couvrir les dépenses de la cour et des grands officiers de la couronne.

Quoique l'Empereur n'ait jamais ostensiblement prélevé pour ses besoins personnels plus de 3 à 4 millions, la responsabilité des dépenses (si l'on excepte les fonds affectés à l'entretien des édifices, domaines, musées, manufactures, compris dans la liste civile) incombe tout entière à celui dont la volonté en a été la mesure unique et dont la situation même en a été la cause déterminante. Le seul fait de ces 32 millions, mis pendant vingt ans sans contrôle à la disposition d'un homme, suffit au philosophe pour juger un système politique. Mais il ne peut être que salutaire et, en tout cas, intéressant pour le public, d'examiner en détail la distribution et l'emploi de ressources aussi importantes. On veut savoir ce que coûtent les grands officiers de la couronne, les chambellans, aides de camp et autres serviteurs du prince; on veut établir le compte personnel de l'Empereur, celui de la famille, enfin réunir les noms de tous ceux, riches et pauvres, qui ont, à un titre quelconque, ou touché l'argent de l'Empereur, ou fait affaire avec lui; savoir enfin si, dans ce gaspillage régulier, officiel, se seraient glissées par hasard quelques dépenses utiles et raisonnables.

Pour répondre aux exigences d'une légitime curiosité, nous avons entrepris de dresser un certain nombre de tableaux où se trouveront résumés et classés les documents très-nombreux de la trésorerie générale, de la cassette particulière, de la caisse des dons et secours, ainsi que des milliers de pièces, lettres, reçus qui rempliraient plusieurs volumes et dont le principal intérêt réside dans les libéralités qu'ils constatent.

Ces renseignements partiels, qu'un membre de la commission, M. André Lefèvre, a bien voulu se charger de grouper et de coordonner, portent avec eux leur instruction

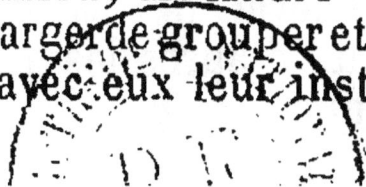

7

On jugera de ce que coûtait l'Empire par
le résumé suivant, qui concerne uniquement la famille Bonaparte.

TABLEAU DES SOMMES ET SUBVENTIONS

*Accordées sur la liste civile à la famille
Bonaparte.*

Il est facile d'évaluer en bloc l'argent
touché depuis 1852 par la famille Bonaparte. Il suffit d'ajouter à la dotation fixe
attribuée à quelques-uns de ses membres
les allocations régulières dont la commission a déjà publié le tableau, et dont le
total annuel varie de 12 à 1,400,000 francs.
Cette subvention a commencé de courir le
25 décembre 1852, et n'a cessé qu'avec
l'empire. Il faut tenir compte aussi d'un
capital de 5,200,000 francs, distribué par
décret du 1er avril 1852 à un certain nombre de parents favorisés. Sans parler des
gratifications, dettes payées et autres libéralités dont on lira ci-dessous le détail, le
compte général de la famille s'établit
comme suit, d'après les tableaux officiels
de la liste civile :

Dotation (1860-1870).	16,849,999 fr.
Dotation du Palais-Royal et de Meudon (1857-1870)......	4,953,639
Allocations (1853-1870)............	30,033,531
Dépenses diverses...	1,758,116
TOTAL GÉNÉRAL....	53,595,285

Si nous ajoutons à ce chiffre le capital donné, 5,200,000 francs, c'est une somme de plus de 58 millions absorbée, sans aucune espèce d'utilité pour le pays, par la famille de ceux qui nous ont conduits à Leipzig, à Waterloo et à Sedan. Encore cette évaluation, fondée sur des chiffres avoués, est-elle loin d'être complète, comme on en jugera par les calculs ci-joints, dont tous les éléments nous ont été fournis par des documents irrécusables, reçus signés, pièces de la main de l'Empereur ou de ses trésoriers, Bure, Conneau, Thélin, Mocquard, Béville, etc. On peut supposer, sans crainte d'erreur, que, parmi les libéralités de Napoléon III à sa famille, beaucoup ont été dissimulées et passent inaperçues sous le couvert de la cassette privée.

RÉCAPITULATION.

Ainsi, sans tenir compte de quelques centaines de mille francs annuels touchés durant un nombre inconnu d'années, le bilan de la famille Bonaparte s'établit comme suit :

Famille Jérôme Bonaparte. 37,078,364 fr.
Famille Lucien Bonaparte. 12,762,500
Famille Murat.. 13,577,933
Princesse Baciocchi.. . . 6,244,624
Mmes B. Centamori et Bar-
    tholini. 524,375

TOTAL GÉNÉRAL. . 70,187,796

C'est donc, d'après les chiffres officiels, 58 millions, et d'après des calculs plus complets, 70 millions que la famille Bonaparte a, sans autre titre que sa parenté avec le chef de l'État, sans utilité appréciable pour la France, prélevés sur la fortune publique.

Le plébiscite et la magistrature.

Par la série de dépêches qu'on va lire, le public pourra se faire une idée du respect que le cabinet du 2 janvier professait pour le droit de réunion, pour la liberté de la presse et pour la conscience des fonctionnaires de l'ordre judiciaire. Ces dépêches, toutes datées du temps du plébiscite, ont été trouvées au ministère de la Justice.

DÉPÊCHES RELATIVES AU PLÉBISCITE.

Justice à tous les Procureurs généraux.

Dites à tous les juges de paix que je les verrai avec plaisir dans les comités plébiscitaires.

23 avril 1870, 9 h. du soir. — N° 119.

Émile OLLIVIER.

Justice aux Procureurs généraux.

Pouvez-vous me donner des renseignements exacts sur l'attitude du clergé dans votre ressort ?

On me demande si les magistrats peuvent

entrer dans les comités plébiscitaires (1).
Je n'y vois que des avantages.

26 avril 1870, à 11 h. 25 m. — No 123.

Émile OLLIVIER.

Justice à Procureur général. — Bourges.

On m'écrit de Moulins que le Président du tribunal donne l'exemple d'une apathie voisine de l'hostilité. C'est son droit. Cependant je désire être fixé sur la vérité du rapport que l'on me fait. Veuillez m'en écrire.

26 avril 1870, 3 h. 28 m. du soir. — No 124.

Émile OLLIVIER.

Le Procureur général à Son Exc. M. le
Garde des sceaux. — Paris.

Metz, le 4 mai 1870, 11 h. 35 m. matin. — No 342.

Cour de Metz doit se prononcer à deux heures sur projet d'adresse à l'Empereur, au sujet du complot. Le Premier Président désire savoir si cette adresse serait favorablement accueillie par Sa Majesté,

(1) C'est leur devoir (*rayé*).

et si la Cour de cassation et la Cour de Paris se proposent de voter une adresse.

Prière de répondre avant deux heures.

Le Procureur général à Son Exc. M. le Garde des sceaux. — Paris.

Besançon, le 30 avril 1870,
10 h. 35 m. matin.—No 279.

Des affiches imprimées, non timbrées, annoncent pour dimanche une réunion antiplébiscitaire au théâtre, et indiquent les orateurs qui doivent parler ; *c'est une simple annonce.* Le Préfet et moi nous pensons que la poursuite serait inopportune et produirait, à Besançon surtout, un très-mauvais effet. Une poursuite intentée et des affiches arrachées ont indisposé très-fortement les électeurs aux dernières élections.

Justice à Procureur général à Besançon.

Malgré les observations du Préfet, je persiste à croire la poursuite indispensable. Peu importe l'effet, quand la loi est impérieuse. Il est temps d'ailleurs qu'on sente la main du gouvernement.

2 mai 1370, 11 h. 47 m. matin. — No 161.

Émile OLLIVIER.

Le Procureur général à M. le Ministre de la justice. — Paris.

Besançon, le 5 mai 1870,
12 h. 45 m. soir.— 357.

On m'assure que *le Doubs* doit faire paraître ce soir un article très-violent contre la magistrature, à l'occasion des poursuites dirigées contre lui. On ajoute que cet article peut nuire beaucoup. S'il en est ainsi, j'ai l'intention de faire saisir le journal après le dépôt, à moins d'ordres contraires que je prierais d'envoyer immédiatement.

M. le Procureur général. — Besançon.

C'est surtout la saisie qui est utile. — Saisissez (1).

(1) Trouvé sans date ni signature sur un papier à en-tête du cabinet du Garde des sceaux.

Le Procureur général à Son Exc. M. le Garde des sceaux. — Paris.

Montpellier, le 30 avril 1870, 2 h. 18 m. soir.

Vos instructions seront fidèlement suivies. Les nouvelles vont toujours s'amé-
liorant. L'intervention du haut clergé est
chose très-heureuse. Je persiste à penser
qu'il serait désirable d'user de toute l'influence possible sur le personnel de l'instruction publique et des chemins de fer,
où l'on m'annonce, du reste, amélioration.
Les odieuses excitations des réunions dé-
magogiques de Paris produisent ici une
heureuse réaction.

Le Procureur général à Son Exc. M. le Garde des sceaux. — Paris.

Montpellier, le 2 mai 1870,
5 h. 25 m. soir. — 315.

Hier soir, à sept heures, on a déposé, à la
sous-préfecture de Castelnaudary, une dé-
claration de réunion publique antiplébiscitaire pour ce soir à huit heures ; le délai d'un
jour franc exigé par la loi de 1868 n'étant
pas observé, et mon substitut me consul-

tant, je l'ai invité à se concerter avec l'autorité administrative pour empêcher cette réunion.

Le Procureur général à Son Exc. M. le Garde des sceaux. — Paris.

Montpellier, le 4 mai 1870, 2 h. 45 m. soir.

Mon substitut de Carcassonne me mande que, d'après un renseignement, le sieur Mathieu, signalé dans le rapport que je vous ai adressé hier sous le n° 413 et qui vous parviendra ce soir, serait un sieur Verdun, attaché à la rédaction lu *Réveil.*

Taille au-dessus de la moyenne, corpulence assez forte, figure pleine, teint clair, barbe et cheveux blonds rejetés en arrière; accent du Nord (1).

(Confidentielle.)

Paris, le 5 mai 1870.

MON CHER AMI,

La Marseillaise et *le Rappel* n'ont pas été saisis ce matin.

(1) La signature « Jean Verdun » a paru en effet dans *le Réveil,* mais elle était un pseudonyme commun à plusieurs rédacteurs de ce journal.

Il me semble pourtant qu'avec un peu de bonne volonté, on pourrait trouver dans les feuilles radicales de quoi motiver une poursuite, et je persiste à penser qu'il y a *grand intérêt* à les empêcher tous ces jours-ci d'*aller empoisonner* nos campagnes.

A vous,

CHEVANDIER DE VALDRÔME.

A S. Exc. M. Emile Ollivier, Ministre de la justice. — Paris.

Espalion, le 6 mai 1870, 11 h. 5 m. matin. — No 342.

Symptômes du vote plébiscitaire :
Au vu de vos lettres, tous les *non* de mon canton ont succombé à attaques d'apoplexie foudroyante ; ferons sépulture dimanche.

ALAUX,
Maire, conseiller général d'Estaing (Aveyron).

Justice à Procureur impérial.—Draguignan.

Le Préfet écrit que plusieurs chambrées

de Draguignan ont publié une lettre collective odieuse ; poursuivez-en de suite les principaux signataires (1).

Émile OLLIVIER.

6 mai 1870, 3 h. 30 m. soir. — No 193.

Le Procureur impérial à S. Exc. le Garde des sceaux. — Paris.

Draguignan, le 6 mai 1870, 6 h. soir.
— No 383.

La lettre des chambrées de Draguignan est adressée au Garde des sceaux : elle est dans *l'Avenir national* d'hier. Je crois les poursuites inopportunes. Si on y persiste, prière d'indiquer la qualification à y donner.

RAPPORTS PLÉBISCITAIRES.

Le Ministère de la justice nous a communiqué les rapports envoyés au Garde des sceaux par tous les procureurs géné-

(1) Et s'il y a lieu, arrêtez les plus compromis *rayé*).

raux de France à l'occasion du plébiscite. Ces documents étant malheureusement trop volumineux pour trouver place en entier dans notre publication, nous avons dû nous borner à de courts extraits.

Riom, le 3 mai 1870.

Monsieur le Garde des sceaux,

. . . .

Clermont-Ferrand. — Dans mon rapport d'hier, j'annonçais que l'on s'attendait à une manifestation républicaine dont le chant de *la Marseillaise* serait le signal au théâtre. Ces désordres n'ont pas eu lieu, et la soirée s'est passée très-tranquillement.

Mon substitut me mande aussi que, bien que Clermont ne soit pas le centre de grandes industries, et que rien n'y fasse soupçonner la présence d'agents de l'Internationale, cependant, à raison des opinions avancées de quelques personnes, il s'est concerté avec M. le Directeur de la poste, qui doit *très-secrètement* lui montrer toutes les lettres adressées de la Belgique ou de l'Angleterre. Si, parmi ces dépêches, il en est qui paraissent présenter un caractère politique, ce qu'il sera facile de savoir par

le nom du destinataire, M. le Procureur
impérial procédera officiellement.

. . . .

Le Procureur général,
Ch. SOUEF.

———

Toulouse, le 24 avril 1870.

Monsieur le Garde des sceaux,

J'ai l'honneur d'informer Votre Excellence que les instructions qu'Elle a bien
voulu me donner à l'occasion du prochain
plébiscite, ont reçu en ce moment leur entière exécution. J'ai appelé à Toulouse tous
les chefs du ressort ; je leur ai transmis les
ordres que j'avais reçus et le discours par
lequel Votre Excellence a clôturé la discus-
sion au Sénat. Les ayant éclairés d'avance
sur les intentions du gouvernement, je n'ai
eu que quelques points à préciser et des in-
dications particulières à donner à quelques-
uns d'entre eux. Dès ce soir ils vont se mettre en communications directes et suivies
avec leurs juges de paix, plusieurs d'entre
eux l'ont déjà fait ; ils transmettront à ces

magistrats les vues générales du gouvernement, les informeront qu'ils sont autorisés à prendre part aux travaux des conseils plébiscitaires, et ils ne négligeront rien pour exciter leur zèle et l'élever à la hauteur des circonstances.

J'ai déjà constaté l'utilité de ces communications. Sur quelques points les juges de paix hésitaient; ils craignaient de se compromettre vis-à-vis de l'opposition et d'être abandonnés par le gouvernement. Sur d'autres points, ils avaient pris d'eux-mêmes une énergique initiative; mes substituts régulariseront leur action, les dirigeront par leurs conseils et les soutiendront par la fermeté de leur attitude.

Le Procureur général,
Léo DUPRÉ.

———

Toulouse, le 6 mai 1870.

Monsieur le Garde des sceaux,

. . . .

Dans l'Ariége, le plébiscite est fortement

attaqué à Pamiers et dans quelques cantons de cet arrondissement ; il est en progrès dans les arrondissements de Foix et de Saint-Girons.

Les conservateurs de ce département se sont abandonnés eux-mêmes. Il n'y a eu que neuf assistants à la réunion des conseils de département et d'arrondissement qui avaient été convoqués à Foix dimanche dernier. M. Gauban-Dumont, qui présidait la réunion, a vainement insisté pour qu'un appel énergique fût adressé aux électeurs par leurs mandataires : l'abstention a prévalu. Tout serait compromis dans ce pays si la magistrature et l'administration n'avaient pas imprimé au mouvement plébiscitaire une impulsion énergique. En me rendant compte des hésitations des conseillers généraux et d'arrondissement, mon substitut de Foix a ajouté : *Et ces gens-là demandent la décentralisation ; ils se laisseraient égorger comme des moutons!*

. . . .

Haute-Garonne. — On me signale de divers côtés la remarquable inertie des fonctionnaires et la neutralité trop apparente de quelques magistrats.

Le vote sera bon partout ailleurs qu'en

ville et, à Toulouse même, on peut supposer
que bien des gens qui refusent leur adhésion au plébiscite ne lui refuseront pas
leur vote. Toutes les oppositions sont en
force et de mode à Toulouse; on n'ose pas
les heurter de front, on s'y mêle par tem-
pérament; mais, parmi ces frondeurs, il
en est plus d'un qui fera à la peur la
concession d'un vote silencieux......

Le Procureur général,
Léo DUPRÉ.

Agen, le 24 avril 1870.

Monsieur le Garde des sceaux,

Plusieurs de MM. les députés du ressort
se sont rendus dans leurs circonscriptions.
La présence et les démarches de ceux qui
ont été le plus vivement combattus aux
dernières élections pourraient avoir l'in-
convénient de ranimer des rivalités ou des
antipathies, et de produire des résultats
contraires à leur but de servir la cause de

l'Emper 3ur. Telle est l'impression produite, me disait le procureur impérial de Mirande, par l'arrivée de M. Granier de Cassagnac. Heureusement que la population de cet arrondissement est trop sage, trop éclairée et trop conservatrice, pour confondre la cause du gouvernement de l'Empereur avec celle de l'ancien candidat officiel, si vivement repoussé par l'opinion publique.....

Le procureur général,
DE VAULX.

———

Agen, le 3 mai 1870.

Monsieur le Garde des sceaux,

Il est de mon devoir de signaler à Votre Excellence un article de *l'Indépendant du Lot,* publié à la troisième page, et intitulé: *Un coup de théâtre.*

L'auteur de cet article insinue que le complot contre la vie de l'Empereur n'est qu'œuvre de police et manœuvre électorale.

Conformément aux instructions de Votre Excellence, je n'aurais pas hésité à poursuivre cet article pour fausse nouvelle, si je n'avais acquis la certitude que des poursuites produiraient, dans cette circonstance, l'effet le plus déplorable.

. . . .

L'article incriminé *est resté sans effet;* les poursuites, au contraire, lui donneraient un retentissement fâcheux; elles ne produiraient que du mal.

Tel est aussi l'avis du procureur impérial : « Il y aurait une condamnation, « m'écrit-il; mais je n'hésite pas à déclarer « que l'effet des poursuites serait détes- « table et le résultat des plus fâcheux. » Hier au soir, mon substitut m'avait indiqué le même avis par le télégraphe. Il exprime ainsi le sentiment des personnes les mieux en position de bien juger la question.

Il est regrettable qu'un journal qui passe pour recevoir des inspirations de M. Calmon, et qui, depuis le 2 janvier, appuyait la politique du gouvernement, se laisse entraîner par la passion à une semblable polémique. De sages conseils pourraient sans doute le ramener dans une voie plus juste et plus patriotique.

Quoi qu'il en soit, j'ai pensé que, dans cette circonstance, il était plus sage et plus prudent de s'abstenir de poursuivre.

Je suis avec respect, Monsieur le Garde des sceaux, de Votre Excellence le très-humble et très-obéissant serviteur.

Le Procureur général,

P. DE VAULX.

———

Pau, le 28 avril 1870.

Monsieur le Garde des sceaux,

Le 26 courant, j'ai eu l'honneur d'adresser à la chancellerie un exposé sommaire de la situation. Votre Excellence désire savoir si les instructions qu'Elle m'a données ont été bien comprises et scrupuleusement suivies. Je vais donc lui rendre un compte plus précis et plus détaillé de ce qui a été fait dans le ressort de Pau.

1° *J'ai vu* tous mes substituts, et, après leur avoir transmis les instructions de la chancellerie, je leur ai demandé en votre nom le concours le plus dévoué, l'activité la plus grande.

2° Les procureurs impériaux *ont vu* tous les juges de paix, les suppléants, les notaires et tous les officiers ministériels dont ils pouvaient espérer le concours, et les ont priés instamment de former des comités sur tous les points où cela serait possible ou utile.

3° Pendant la période plébiscitaire, les juges de paix doivent visiter deux fois toutes les communes de leur canton, et porter plus spécialement leurs efforts sur les points où des maires peu intelligents n'auraient point sur leurs administrés l'influence désirable. Ils doivent se mettre en rapport avec les principaux propriétaires, expliquer à tous le sens et l'importance du vote, solliciter le concours de tous les bons citoyens pour diminuer le nombre des abstentions. Ils doivent enfin indiquer aux procureurs impériaux les communes où il pourrait, à raison des distances, être utile de former plusieurs sections.

4° Chaque trois jours, et plus souvent, si c'est utile, les juges de paix transmettront aux procureurs impériaux un rapport détaillé sur ce qu'ils auront vu et sur ce qu'ils auront fait dans chaque commune.

. . . .

Je suis avec respect, etc.

Le Procureur général,

FABRE.

⸺

Pau, le 17 mai 1870.

Monsieur le Garde des sceaux,

J'ai eu l'honneur d'informer Votre Excellence que j'avais ordonné des poursuites contre le *Journal de Lourdes,* qui avait publié sans timbre ni cautionnement des articles politiques; j'avais pris cette détermination après avoir vu les contraventions de cette nature relevées par le journal *le Béarnais,* organe de M. Gustave Fould, qui annonçait en même temps que ce dernier se proposait, après l'ouverture des Chambres, d'interpeller le ministère à ce sujet.

Le gérant du *Journal de Lourdes,* appelé devant le juge d'instruction, a produit, pour sa justification une lettre de M. le sous-préfet d'Argelès l'invitant à publier en tête de son plus prochain numéro, avec les proclamations qui ont précédé le plébiscite, le rapport que Votre Excellence a adressé à Sa Majesté sur le complot, ainsi que les pièces qui l'accompagnaient. Le gérant se serait alors cru autorisé, pendant la période plébiscitaire, à traiter de son chef les questions politiques qui s'y rattachaient et à développer ainsi les insertions officielles qu'il avait faites.

Dans ces circonstances, avant de faire prendre à mon substitut de Lourdes ses réquisitions définitives, j'ai cru devoir consulter Votre Excellence sur la suite qu'il convient de donner à cette affaire...

Le Procureur général,

FABRE.

*Note très-confidentielle au sujet de ce qu:
se passe dans l'arrondissement de Ven-
dôme (1).*

Les maires, sans instructions de l'autorité administrative et non convoqués par
elle, n'ont conféré encore qu'avec les
juges de paix. Ils ne comprennent pas la
situation qui leur est faite. Ils se montre-
raient très-perplexes et hésitants.

Nancy, le 1er mai 1870.

Monsieur le Garde des sceaux,

..... Les juges de paix ont à combattre
des difficultés de plus d'un genre.

La première, c'est que les cultivateurs
sont en ce moment très-occupés de leurs
travaux agricoles. Ils passent la journée
dans leurs champs, cherchent à réparer
par leur activité le temps que la persis-

(1) Cette note était annexée à un rapport adressé
à M. Émile Ollivier en date du 28 avril 1870, par le
procureur général d'Orléans, M. Tenaille d'Estais.

tance du froid leur a fait perdre. On a grand'peine à les joindre, et, quand ils rentrent chez eux le soir, ils sont fort peu disposés à s'occuper de politique. La question du plébiscite ne naîtra réellement pour eux qu'aujourd'hui, grâce au repos du dimanche, qui leur aura permis de s'entendre.

En second lieu, il ne faut pas se dissimuler que le plébiscite est froidement accueilli.

Dans la classe moyenne, il rencontre de nombreuses objections inspirées, soit par l'esprit de parti, soit par les mécontentements individuels. Ces critiques, empruntées aux journaux, portent généralement sur l'inutilité ou le défaut d'opportunité du plébiscite, sur le maintien de l'article 13 et le caractère autoritaire du droit réservé à l'Empereur, etc. Je crois inutile de répéter ces griefs, qui sont aujourd'hui imprimés et répétés partout.

Dans la classe inférieure et spécialement dans la campagne, le plébiscite se heurte à l'ignorance du plus grand nombre. A la différence des luttes électorales qui soulèvent des questions de personnes, où les indifférents prennent parti, le plébiscite n'est pour les cultivateurs qu'une abstraction, dont le sens échappe à leur intelligence et dont on parvient difficilement à leur faire saisir l'importance. Cependant ils se montrent attentifs et dévoués dès qu'on leur explique l'effet que doit avoir le vote pour la stabilité de l'Empire et le maintien de la tranquillité publique...

Le Procureur général,

IZOARD.

Miss Howard.

Miss Howard avait engagé sa fortune pour la réussite du coup d'État ; elle avait payé plusieurs fois les dettes du prince Louis-Napoléon. En 1851, celui-ci avait des billets protestés chez Montaut, changeur au Palais-Royal. Le 25 mars 1853, il remettait à miss Howard un premier à-compte de 1 million.

Lettre de madame de Beauregard (miss Howard) donnant quittance de 1 million, en date du 25 mars 1853. Cette lettre est en anglais : en voici la traduction française :

Je reconnais, par la présente, avoir reçu de S. M. l'Empereur Napoléon III la somme de 1 million de francs en plein acquit et décharge complète de tous mes droits et intérêts dans le domaine de Civita-Nova, dans la marche d'Ancône (Etats du Pape).

E. H. DE BEAUREGARD.

Paris, 25 mars 1853.

Lettre à M. Mocquard.— Quittance d'une somme de 50,000 fr., en date du 31 janvier 1854. (Avec note de M. Mocquard constatant que trois premiers payements de pareille somme ont été faits par M. Giles.)

MON CHER MOCQUARD,

Je reconnais avoir reçu jusqu'au 1er janvier 1854 la somme de cinquante mille francs que je vous ai chargé de toucher chaque mois.

E. H. LE BEAUREGARD.

Paris, 31 janvier 1854.

Nota. — Le payement des 50,000 francs a commencé au 1er juin 1853. Les trois premiers ont été faits par M. Giles.

Note des sommes payées par l'Empereur à miss Howard depuis le 24 mars 1853 jusqu'au 1er janvier 1855.

Le total monte à 5,449,000 francs.

1er janvier 1855. Payement des 58,000 francs.

Donc le mois de novembre n'est pas compris.

J'avais promis 3 millions, plus les frais d'arrangement de Beauregard (1), que j'évaluais tout au plus à 500,000 francs.

J'ai donné 1,000,000 le 24 mars 1853, suivant reçu.

— 1,500,000 le 31 janvier 1854.

— 1,414,000 en rentes sur l'Etat.

— 585,000 en payements à 58,000 francs par mois à partir du 1er janvier 1855.

J'ai donné 950,000 en payements de 50,000 francs à partir du 1er janvier 1853 jusqu'au 1er janvier 1855.

5,449,000

(1) Entre parenthèses rayé : *Howard*.

Autre lettre de miss Howard, pour se plaindre que les engagements pris envers elle n'ont pas encore été tenus. Cette lettre est du 24 juillet 1855.

Château de Beauregard, 24 juillet 1855.

MON TRÈS-CHER AMI,

Nous sommes aujourd'hui le 24 juillet, et je vois avec peine que les engagements pris envers moi ne sont pas accomplis (quand j'ai doute, j'ai blesse, il ne pas plus se douter); en fait, j'ai cru et je crois encore que c'est une erreur, pourquoi me faire souffrir? Si les choses doivent en être ainsi, j'aurais mieux fait de garder *les six* millions, au lieu de trois millions cinq cent mille francs qui devaient snr ma demande être payés au bout de l'année 1853, et c'était pour cela que j'ai prié l'Empereur de déchirer la première somme (*deux millions cinq cent mille francs*). Le cœur me saigne d'écrire ceci, et si mon contrat de mariage n'était pas fait comme il est, et si je n'avais pas un enfant, je ne ferais cette démarche, qui est devenue un devoir. Je compte sur vous pour faire fin à tant de souffrance. Le cœur de l'Empereur est trop bon pour laisser une femme, qu'il a aimé (*sic*) tendrement, dans une fausse position, et il ne voudrait pas être lui-même, — vous savez ma position, vous êtes mon tuteur, et c'est à double titre que je m'adresse à vous. Je me suis trompé (*sic*) l'autre jour en écrivant à Sa Majesté; par une de ses lettres date mai, il dit : « Je donnerai à Giles demain papier pour les trois millions cinq cent mille francs. » Alors il né (*sic*) rien à faire que de calculer de 50,000 depuis le 1er juin 1853 la rente, et 50,000 depuis janvier jusqu'à octobre. Je prie Dieu qu'il n'en soit pas plus question d'argent entre moi et lui que à toute un autre sentiment dans mon cœur. Je vous embrasse tendrement et vous aime de même.

Votre affectionnée,

E. H. DE BEAUREGARD.

Je vous en conjure ne laissez pas cette lettre, vous pouvez en faire lecture à Sa Majesté si vous jugez convenable, et brûlez-la aussitôt après. J'ai vu madame Mocquard lundi à quatre heures, elle était très-souffrante l'autre jour.

TABLE

	Pages.
Avertissement	3
Les véritables causes de la guerre du Mexique	5
Affaire Sandon	12
Les Préfets de l'Empire	17
La Guerre	26
Campagne de 1870	36
Autographe de Louis-Napoléon Bonaparte	40
Dépêches des derniers jours de l'Empire	44
La police impériale	59
Ce que coûtait l'Empire	81
Ce que coûtait la famille impériale	95
Le plébiscite et la magistrature	101
Miss Howard	122

FIN DE LA TABLE

HISTOIRE

DE LA

RÉVOLUTION DE 1870-71

**Chute de l'empire.—La Guerre.
Le gouvernement du 4 septembre.
La Commune.
Le gouvernement de M. Thiers.**

PAR JULES CLARETIE

*Illustré de Portraits, Vues, Plans,
Cartes, etc.*

Cet ouvrage se composera de 100 livraisons
à 10 centimes.

Il paraît 2 livraisons par semaine.

Typ. de Rouge et Comp., r. du Four-St-Germ.,

www.ingramcontent.com/pod-product-compliance
Lightning Source LLC
Chambersburg PA
CBHW051733090426
42738CB00010B/2234